Orient

Orient

BARBARA LUTTERBECK UND JÜRGEN CHRIST

Inhalt

روضة الوفاء
للأطفال
m20
مطعم

Ein Wort zuvor

Wenn wir das Wort Orient hören, so denken wir spontan an etwas Geheimnisvolles, Märchenhaftes, Mythisches. Wir denken an die abenteuerlichen Berichte von Forschern, Diplomaten und betuchten Weltenbummlern, die mit viel Aufwand vor Hunderten von Jahren die orientalischen Länder bereisten. Das Gebilde Orient schien darin wie ein weit entfernter Kontinent. Dabei gibt es für unsere abendländische Kultur weit mehr Verbindendes als Trennendes zu den Ländern jenseits des Mittelmeeres. Fast unser gesamtes philosophisches Weltbild stammt von dort, selbst die griechische Kultur wurde uns zunächst von Arabern vermittelt. Unsere eigenen Religionen, Christentum und Judentum, haben sich ebenso im Orient entwickelt wie das heutige Zahlen- und Dezimalsystem.

Zur Mythenbildung über den Orient trägt bei, dass der Begriff nicht so einfach zu fassen ist. Das fängt schon bei der genaueren Ortsbeschreibung an: Da gibt es den Vorderen und den Hinteren Orient, den Nahen und den Fernen Osten und nicht zu vergessen: das Morgenland.

Manche Fachleute machen es sich einfach und stellen fest, der Orient (aus lat. *oriens* = aufgehende Sonne, Osten) sei dort, wo arabisch gesprochen werde. Andere sehen in der Religion des Islam die alles verbindende Klammer.

Wir wollen in diesem Buch, fern jeder akademischen Auseinandersetzung über die genaue Defintion des Begriffes, einen genüsslichen Blick auf einen kleinen, doch außerordentlich wichtigen Teil morgenländischer Kultur werfen: das Essen und das Trinken. Das Thema ist spannend, zeigt sich doch, dass wir mit der Beschreibung der Speisekultur sogleich mitten im Leben dieser Völker angekommen sind. Ein Leben, das sich auf Märkten und in Basaren abspielt, in Supermärkten, Restaurants und Falafelbuden in Hütten, Häusern und Zelten. Ein Leben, in dem Worte wie Gastfreundschaft, Höflichkeit und Geduld keine hohlen Floskeln sind. Auch wenn inzwischen selbst hier schon westliche Fastfoodmentalität zu finden ist – die Mehrheit der Bewohner Ägyptens, Tunesiens oder der Türkei besteht nach wie vor auf traditioneller Kost, die durch raffinierte Gewürze dem Gaumen und dem Magen schmeichelt.

Worte wie »Mezze«, »Babaganoush« und »Falafel« sind auch in Deutschland längst keine Fremdworte mehr: Immer mehr Restaurants, ja sogar Imbissbuden werben mit arabischen

Übersichtkarte der orientalischen Länder, die für dieses Buch betrachtet wurden.
◎ Hauptstädte ○ Städte mit besonders interessanten Basaren (Übersicht Seite 58)

Innenhof der Moschee in der Medina von Tiznit/Marokko.

Schriftzeichen. Auf deren Speisekarten fallen uns auch Fischgerichte wie Seewolf oder Rotbarbe auf, die wir von der mediterranen Küche kennen. Diesmal ist es die afrikanische Seite des Mittelmeers, dort, wo der geheimnisvolle schwarze Kontinent beginnt, der uns neue Erfahrungen und Abenteuer verspricht. Gleichzeitig fühlen wir uns nicht ganz so fremd, schließlich verbindet uns mit Marokko, Libyen oder Israel eine gemeinsame Küste.

Jedes dieser faszinierenden Länder am östlichen und südlichen Mittelmeer hat eine eigene Esskultur entwickelt. *Tajine* beispielsweise steht für Marokko, aus Syrien stammt der *Hummus* und die meisten *Falafel*variationen gibt es in Israel. Doch gibt es viele gegenseitige Einflüsse und Gemeinsamkeiten. So ist dieses Buch auch nicht nach Ländern gegliedert, sondern versucht, in den speziellen Strömungen den roten Faden aufzugreifen, der diese Kulturen verbindet.

Dabei wird bewusst auf solche Rezepte verzichtet, die nur in großen Mengen oder mit aufwändigem Gerät gelingen. Es geht um eine Ansammlung von praktikablen Vorschlägen für Büfetts, Menüs und einfache Tagesgerichte. Damit ist zwangsläufig eine gewisse Anpassung an unsere europäischen Bedürfnisse verbunden, doch wir haben uns dabei bemüht, die Gerichte nicht zu verfremden.

Bei der Gelegenheit erscheint uns ein Hinweis auf die aktuelle politische Lage der Region wichtig. Wir wollen und können auch bei einem solchen Buch nicht so tun, als existierten die politischen Probleme nicht. Doch unsere Kompetenz und auch die Themenstellung erlauben es nicht, darauf näher einzugehen. Wir wollen aber zumindest anmerken, dass Unfrieden und kriegerische Auseinandersetzungen auch mit Unverständnis und Intoleranz gegenüber fremden Kulturen zu tun haben. Darum hoffen wir, mit diesem Buch nicht nur sinnliche Freude an Kochen und Genuss zu wecken, sondern auch einen Beitrag zum Verständnis für eine fremde Kultur zu leisten und insofern zu einer friedlicheren Entwicklung beizutragen.

Dieses Buch ist mehr als nur ein Kochbuch. Es ist eine Einladung an alle, die Lust auf Abenteuer verspüren und auf eine Kultur voller Gegensätze und Überraschungen. Eine Einladung in eine Gegend, in der selbst welterfahrene Globetrotter noch dazulernen können, besonders, wenn es um die Kunst des Genießens geht.

Dennoch ist dieses Buch **auch** ein Kochbuch. Ist es doch nicht jedermanns Sache, sich im Gastland beim Essen auch noch die Kochanweisungen aufzuschreiben. Ohne den Anspruch auf Vollständigkeit zu erheben, werden hier die wichtigsten Gerichte dieser Länder in mehrfach überprüften Rezepten zum Nachkochen vorgestellt. Und das Beschaffungsproblem für die exotischen Zutaten wird durch ein sorgfältig recherchiertes Glossar am Ende des Buches gelöst.

Wir wünschen Ihnen viel Spaß beim Entdecken,
Ausprobieren und Genießen.

Jürgen Christ Barbara Lutterbeck

Rushhour in Ramallah/Palästina. Taxis sind dort knallgelb lackiert.

Folgende Doppelseite:
Im Basar von Hammamet/Tunesien

Tunesischer Supermarkt in Sfax.

هاتف عمومي

Gelassenheit ist eine besondere Tugend orientalischer Lebensauffassung, auch wenn sie den ungeduldigen Reisenden anfangs zur Verzweiflung bringen kann. Doch nach einer gemeinsamen Tasse Tee und einem freundlichen Gespräch sind aus Fremden auf einmal Freunde geworden.

Ankunft

im Orient

Der erste *Eindruck*

In den Gassen der Altstädte herrscht schon früh reges Treiben. Blick durch ein Stadttor auf die Place de Tunis, Kairouan/Tunesien.

Wenn wir Menschen kennen lernen, so steht unser Urteil meist schon nach wenigen Sekunden fest. Dann haben wir entschieden, ob die neue Bekanntschaft unseren Erwartungen entspricht. Die Ankunft in einem unbekannten Land stellt uns vor ähnliche Probleme, nämlich Anhaltspunkte zu finden, an denen wir uns orientieren können. Die moderne Touristik gibt uns zwar wundervolle Hilfsmittel an die Hand, uns in jedem Flughafen der Welt schnell zurechtzufinden. Doch auch wenn Piktogramme helfen, sofort die Gepäckausgabe, den Auskunftsschalter oder die Toilette zu finden, wissen wir noch lange nicht, was uns danach erwartet. Der Eindruck der Fremdheit, den wir vielleicht in einer stickigen Abfertigungshalle in Kairo oder Istanbul empfinden, sollte uns auf keinen Fall dazu verleiten, ein allzu schnelles Urteil zu fällen.

Erst einmal eine Tasse Tee

Sehen wir es gelassen, wenn die Zollabfertigung endlos dauert, die unverständlichen Lautsprecherdurchsagen an unseren Nerven zerren und im Mietwagenbüro kein Angestellter zu finden ist. Betrachten wir diese ersten Eindrücke von ihrer »orientalischen« Seite, die von einer Lebensauffassung herrührt, die nur selten überstürzte Entscheidungen zulässt und stattdessen rät, erst einmal zusammen Tee zu trinken. Denn wenn der Angestellte der internationalen Car Rent Firma nach langem Warten endlich eintrifft, könnte er auch gleich wieder verschwinden: Statt sich um die Wagenschlüssel zu kümmern, besorgt er erst einmal Mineralwasser für uns, die wir von der langen Reise durstig sind. Wir sind schließlich seine Gäste, auch wenn uns diese Herzlichkeit weitere 15 Minuten unserer ach so kostbaren Zeit raubt. Auch hier ist Gelassenheit angesagt – etwas »Orientalisches« haben wir schon gelernt.

Und schon steht der Verkehr still

Die nächste Lektion in morgenländischer Leitkultur erhalten wir dann wenige Minuten später während der Rushhour auf der Avenue d'Indépendence: Eine harmlose Frage an den Autofahrer hinter uns nach einer Bank und schon steht der gesamte Verkehr still. Der Mann winkt uns, ihm zu folgen, wendet sein Fahrzeug quer über den sechsspurigen Boulevard und lotst uns vorbei an Obstständen, Eselskarren und pfeifenden Polizisten durch die halbe Altstadt, direkt vor die Eingangspforte einer Bank mit einem Geldautomaten. Und dann springt er aus dem Wagen und gibt uns zum Abschied die Hand, gerade so, als hätten wir ihm einen Gefallen getan.

Mezze heißt das Zauberwort

Das fremde Geld in unserem Portmonee drängt danach, ausgegeben zu werden. Der Magen knurrt und uns ziehen verlockende Düfte von Gegrilltem und Gekócheltem in die Nase. Ein Straßenrestaurant. Das Lokal ist gut besucht, die Tische sind voll der appetitlichsten Speisen. Es scheint alles andere als ein simpler Schnellimbiss zu sein. Der Kellner hat uns sofort als Fremde erkannt und wischt eifrig den Tisch ab. Jetzt steht er mit fragendem Gesicht vor uns. Am liebsten würden wir auf den Teller eines Gastes zeigen und das Gleiche verlangen, doch das scheint uns zu aufdringlich. Uns fällt ein, dass jedes orientalische Festmahl mit einem Vorspeisensortiment namens »Mezze« beginnt und so nennen wir dem Kellner einfach dieses Zauberwörtchen. Wir sind ganz stolz, dass er voller Verständnis nickt, wundern uns aber, warum er jetzt noch wissen will, wie viele Portionen er bringen soll. Zwei natürlich, denn wir sind doch zu zweit. Als er später mit der Bestellung auf unseren Tisch zubalanciert, verstehen wir, warum er gefragt hat: Die gefüllten Weinblätter, pürierten Auberginen, die vier verschiedenen Sorten Oliven, die getrockneten Tomaten und eingelegten Paprika,

Gastfreundschaft fängt mit Blicken an, die fast immer neugierige Erwartungen gegenüber dem Fremden verraten, selten Ablehnung oder Feindschaft. Oft sind es die Kinder, die erste Kontakte knüpfen.

In einem Kaffeehaus in der Altstadt von Kairouan/Tunesien.

Auch der Orient bleibt von moderner Technik nicht verschont: Satellitenschüsseln sind auf fast jedem Dach der Häuser von Ost-Jerusalem angebracht.

Ein Straßencafé in Sfax/Tunesien.

In den engen Gassen der tunesischen Hafenstadt Mahdia.

Pop-Art à l'Orientale. Rosa angestrichen wird aus einem Fenstergitter ein kleines Kunstwerk.

Portrait eines Händlers auf dem Obst- und Gemüsemarkt von Ramallah/Palästina.

Diese jungen Studentinnen der Universität Tunis strahlen Fröhlichkeit und Selbstbewusstsein aus.

Schläuche für die Wasserpfeife im Basar von Marrakesch/Marokko.

In den zahlreichen Straßenrestaurants werden hervorragende Imbisse angeboten wie hier an einer Falafelbude in Ramallah. Dazu werden Salatvarianten und pikante Saucen gereicht.

Werbung auf orientalisch-international. Ein kleines Restaurant in einem tunesischen Dorf macht mit Wandmalerei auf das Fischangebot aufmerksam. Auf dem Schriftzug steht: Restaurant.

die verschiedenen Salate mit Minze, Bulgur und Fetakäse, die Falafelbällchen, roten Bohnen in Zitronensaft und Olivenöl, die vielen Saucen und Pasten, manche feuerrot, andere blassgelb, die kleinen Teigtaschen mit Spinatfüllung – das alles hätte auch für vier gereicht.
Wir sind einem weiteren Prinzip auf die Spur gekommen: Gastfreundschaft wird im Orient sehr ernst genommen. Ein Gastmahl kann nur üppig sein, sonst verdient es diesen Namen nicht.

Laptop, Schleier und Baseballkappe

Während wir uns allmählich einen Überblick über die Vorspeisenvielfalt verschaffen und sogar schon zu der äußerst pikanten Gewürzpaste Harissa, einer Mischung aus Chili und Knoblauch, vorgedrungen sind, herrscht an den Nebentischen munteres Kommen und Gehen. Ein paar Männer sieht und hört man laut diskutieren. Für uns klingt das wie heftiger Streit, für die Einheimischen ist es vermutlich der gewohnte Unterhaltungsstil. Taxis kommen und halten, qualmende, zischende Linienbusse ziehen vorbei. Ein Mann mit einem Handkarren voller Aluminiumbehälter ruft im Vorbeigehen Grüße herüber, bekommt eine Antwort und ruft wieder zurück. Das geht so lange hin und her, bis der Karren außer Sichtweite ist. Verschleierte Frauen in Pantoffeln gehen vorbei, ein paar Jugendliche in Jeans und mit herumgedrehten Baseballkappen auf dem Kopf versuchen ihren Begleiterinnen mit ihrem Gettoblaster zu imponieren. Die wiederum scheint das nicht sonderlich zu beeindrucken, denn sie schieben sich kaugummikauend und mit engen Blusen, hochgestecktem Haar und Plateausohlen an den Tischen vorbei und sehen aus, als würden sie sich köstlich amüsieren. Dazwischen Männer mit Nadelstreifen und Laptopkoffer; ein alter Mann mit langem weißem Bart im weißen Gewand, der sich mithilfe eines Stocks langsam vorwärts bewegt und zwischendurch anhält und etwas in sich hineinmurmelt; jetzt ein knatterndes Moped, eine hellblaue Auspufffahne hinter sich herziehend, auf dem Gepäckträger allerhand angebundenes Federvieh.

Die Stimme vom Minarett

Dann, allen Verkehrslärm übertönend, eine auf- und abschwellende Stimme aus einem scheppernden Lautsprecher: Der Muezzin ruft vom Minarett der nahe gelegenen Moschee zum Gebet. Entgegen unserer Erwartung rollt niemand seinen Gebetsteppich aus, das Treiben geht weiter, als ob es niemals aufhören wollte.

Als wir später im Hotelzimmer müde von den vielen neuen Eindrücken in unsere Betten fallen, ahnen wir noch nicht, dass uns derselbe Muezzin am nächsten Morgen noch vor Sonnenaufgang mit seinen Rezitationen aufwecken wird.

Eine typische Mezzetafel
Orientalische Vorspeisen werden so üppig aufgetischt, dass sie mitunter den ganzen Tisch einnehmen. Diese Mezzetafel besteht aus Labaneh, Hummus, Tabouleh, Kibbeh, Babaganousch, Kirschtomaten, Falafeln, Gürkchen, gefülltem Fladenbrot und Oliven. Vegetarier kommen voll auf ihre Kosten, denn hier findet man kaum Gerichte mit Fleisch. Bei großer Hitze reicht solch eine Kombination von leichter Kost oft als ganze Mahlzeit, traditionell wird damit jedoch die weitere Menüfolge eröffnet. In der Türkei wird dazu Rakı serviert, ein aus Sultaninen und Anis destillierter Schnaps ähnlich dem griechischen Ouzo oder dem französischen Pastis.

Tradition bestimmt das Leben in den Dörfern. Jede Familie hat ihr eigenes Backhaus und täglich kommt frisches Brot auf den Tisch. Wie ein Pizzabäcker formt die palästinensische Hausfrau Teigkugeln zu dünnen Fladen und schiebt sie mit bloßen Händen in die heiße Holzkohlenglut auf dem Boden. Schon nach wenigen Minuten holt sie die knusprig braunen Brote aus dem Ofen.

Frisches Brot wird in den Straßen an jeder Ecke angeboten. Schon nach wenigen Stunden ist der Karren des Händlers in der Altstadt von Kairouan/Tunesien leergekauft und muss nachgefüllt werden.

Brot gehört zu jedem Essen

Schon im alten Ägypten gab es den Beruf des Bäckers. Und hier wurden auch schon früh Treibmittel wie Sauerteig und Hefe zum Backen verwendet.

Brot ist im Orient nicht nur eine Beilage. Der Umgang damit zeugt von einer jahrtausendealten Tradition, die in manchen Regionen noch gepflegt wird: Zu Beginn der Mahlzeit bricht der Hausherr in feierlicher Geste das Brot und reicht es der Tischgesellschaft. Es darf nie mit dem Messer geschnitten werden, das würde bedeuten, ein Schwert gegen Gottes Segen zu erheben. Selbstbedienung ist verpönt, jeder wartet, bis er den Korb gereicht bekommt. Und weggeworfen wird nichts: Es gibt reichlich Gerichte, in denen Brotreste Verwendung finden wie Brotsuppen, Tahrid, Fattush oder Brotsalat.

Immer frisch gebacken

Die meisten Brotsorten schmecken am besten frisch und so wird mehrmals täglich gebacken: salzige und süße, gesäuerte und ungesäuerte Brote, Pitabrote und die hauchdünnen Fladenbrote.

In ländlichen Gegenden backen arabische Familien ihr Brot selbst. Im Backhaus ist der Ofen nur ein tiefes rundes Loch im Lehmboden, in dem Holz vor sich hinglüht. Das Brot wird auf die große Innenfläche des Ofens gelegt. Während der kurzen Backzeit wird der Ofen mit einem Deckel geschlossen. Die hauchdünnen, großen Fladenbrote werden auf Metallplatten gebacken, die über Holzkohlefeuer erhitzt weren. Der flüssige Teig wird auf die halbkugelförmigen oder flachen Platten gestrichen und ist in kurzer Zeit fertig gebacken (siehe Bild Seite 21 rechts). In diese Fladen lassen sich die unterschiedlichsten Füllungen verpacken.

Bagels

In Israel sehr aktuell sind die aus den USA reimportierten Bagels, runde oder u-förmige Sesamringe, die sehr unterschiedlich belegt werden. Es ist die vornehme Version des gewöhnlichen Sandwichs und auf Tee- und Gartenpartys absolut gesellschaftsfähig. Das bedeutet nicht, dass Sandwiches mit dicken Belägen aus Tunfisch, Salaten, Eiern, Gurken und Saucen weniger beliebt sind. Für Berufstätige mit knapper Zeit ist so ein belegtes Brot oft das Mittagessen.

Der geziegelte Ofen des Bäckers in Kairo ist den ganzen Tag in Betrieb und produziert große Mengen Fladenbrot.

Auf der halbkugelförmigen Metallplatte werden am Straßenrand hauchdünne Fladen gebacken und mit Schafkäse und Salatstreifen gefüllt.

Pitabrot

Khubz, Pita, Pide – das Fladenbrot mit den vielen Namen und der Tasche, die sich so gut füllen lässt, ist im gesamten arabischen Raum verbreitet.

Zubereitungszeit: 1 Std.
Ruhezeiten: 2 Std.
Pro Stück ca.: 385 kcal

Zutaten für 10 Stück:
1 kg Mehl
2 Päckchen Trockenhefe
1 TL Salz
1 TL Zucker
4 EL neutrales Öl
Mehl zum Arbeiten

Das Mehl in eine Schüssel sieben und mit Hefe, Salz und Zucker mischen. Das Öl und etwa 1/2 l lauwarmes Wasser dazurühren und alles zu einem weichen, geschmeidigen Teig kneten. Nach Bedarf noch etwas lauwarmes Wasser dazugeben. Gut durchkneten, bis der Teig nicht mehr an den Händen klebt. Mit einem feuchten Tuch abdecken und 2 Std. an einem warmen Ort gehen lassen.

Den Backofen auf 250° vorheizen. 2 Backbleche mit Mehl bestäuben. Den Teig auf der bemehlten Arbeitsfläche nochmal durchkneten und zu einer Rolle formen. Die Rolle in 10 gleich große Stücke teilen und diese zu Fladen von etwa 12 cm Ø formen. Die Fladen auf die Backbleche setzen und im Backofen (unten, Umluft 220°) 10 Min. backen, bis sich die Pitas aufgeplustert haben. Dann auf der mittleren Schiene in weiteren 10 Min. goldbraun backen.

In diese Fladen lassen sich die unterschiedlichsten Füllungen verpacken.

Variante: Orientalische Pizza

Aus 250 g Mehl, etwas Zucker, 1/2 Päckchen Trockenhefe, 2 EL Olivenöl, 1/2 TL Salz und 125 ml lauwarmem Wasser einen Hefeteig zubereiten und gehen lassen. Etwa 1 kg Gemüsewürfel mit gehackten Zwiebeln und Knoblauch in Olivenöl dünsten. Mit Paprika, Kreuzkümmel, Petersilie, Salz und Pfeffer würzen. Aus dem Teig 20 dünne Fladen formen, die Füllung darauf verteilen. Auf einem gefetteten Backblech im vorgeheizten Ofen bei 220° 7–10 Min. backen.

Frisches Brot wird zum Frühstück oft mit Datteln und Honig oder pikant mit Käse und Oliven gegessen.

Fattoush – *für den syrischen Brotsalat werden 2 kleine Gurken, 3 Tomaten, 1 grüne Paprikaschote geputzt, in kleine Würfel geschnitten und mit einer Marinade aus 4 EL Olivenöl, 6 EL Zitronensaft, 1 EL Sumak, Salz und Pfeffer gemischt. 2–3 altbackene Fladenbrote werden in kleine Stücke gebrochen und in der Pfanne angeröstet. Abgekühlt gibt man die Brotstücke und Koriandergrün zu den Gemüsewürfeln. Der Salat sollte dann gut 30 Min. ziehen.*

Sesam-Thymian-Brötchen

Zubereitungszeit: 1 Std.
Ruhezeiten: 2 Std.
Pro Stück ca.: 220 kcal

Zutaten für 20 Stück:
1 kg Mehl
1 TL Salz, 1 TL Zucker
2 Päckchen Trockenhefe
1 Eiweiß, 8 EL Olivenöl
4 EL getrockneter Thymian
3 EL Sesamsamen
1/2 TL Salz
Mehl zum Arbeiten

Das Mehl in eine Schüssel sieben und mit Salz, Zucker und Hefe mischen. Langsam 4 El Öl und 600 ml lauwarmes Wasser dazugießen und alles zu einem weichen, geschmeidigen Teig kneten. Nach Bedarf noch etwas Wasser dazugeben. Der fertige Teig darf nicht an den Händen kleben. Den Teig mit einem feuchten Tuch bedecken und für gut 2 Std. an einen warmen Ort stellen.

Den Backofen auf 250° vorheizen. Backbleche mit Mehl bestäuben. Den Teig auf der bemehlten Arbeitsfläche noch einmal durchkneten. Eine Rolle formen, in 20 gleich große Stücke schneiden und daraus Brötchen formen.

Das Eiweiß mit Olivenöl, Thymian, Sesam und Salz mischen. Die Brötchen in diese Masse drücken und mit ausreichend Abstand auf die Bleche setzen.

Die Brötchen im Backofen (Mitte, Umluft 220°) 15 Min. goldbraun backen.

Variante: Thymian-Sumak-Brötchen

Statt Sesam 2 EL gemahlenen Sumak unter das Olivenöl mischen und auf die Brötchen streichen. Dann backen wie oben beschrieben.

Sesamringe

Zubereitungszeit: 40 Min.
Ruhezeiten: 2 Std. 30 Min.
Backzeit: 30 Min.
Pro Stück ca.: 270 kcal

Zutaten für 8 Stück:
1/2 Würfel frische Hefe
500 g Mehl
1 TL Salz
2 EL Sonnenblumenöl
1 Ei
4 EL Sesamsamen
Mehl zum Arbeiten
Öl für das Backblech

Die Hefe zerbröckeln, mit dem Zucker und etwas lauwarmem Wasser anrühren und kurz stehen lassen. Mehl und Salz in eine große Schüssel sieben. Die Hefe und knapp 300 ml lauwarmes Wasser dazugeben. Mit den Händen mischen und zu einem weichen, elastischen Teig verkneten. Mit etwas Öl bestreichen, mit einem Tuch abdecken und 1–2 Std. gehen lassen, bis der Teig doppelt so groß ist. Noch einmal durchkneten und in 8 Stücke teilen. Die Stücke zu Würsten rollen und daraus Ringe von etwa 18 cm Durchmesser formen.

Das Backblech fetten. Das Ei verquirlen und die Teigringe damit bestreichen. Sesamsamen auf einen Teller geben, die Ringe darin wenden und auf das Blech setzen. Mit einem feuchten Tuch bedeckt an einem warmen Ort gehen lassen, bis sich ihr Volumen verdoppelt hat.

Inzwischen den Backofen auf 200° vorheizen. Die Sesamkringel im Backofen (Mitte, Umluft 180°) in 20–30 Min. goldbraun backen.

TIPP

Ebenso wie Pita sind auch Semit/Simit, die Sesamringe, im Straßenbild des Vorderen Orient allgegenwärtig. Man bekommt sie auch in jedem türkischen Lebensmittelgeschäft.

Bagels

wurden der Legende nach 1683 von einem jüdischen Bäcker in Wien erfunden. Sie wurden schnell in ganz Osteuropa bekannt. Anfang des 20. Jahrhunderts brachten jüdische Einwanderer sie in die USA, wo sie in Bagel-Shops mit unendlich vielen verschiedenen Belägen angeboten werden. Inzwischen gibt es sie auch in Israel an jeder Straßenecke.

Bagel Grundrezept

Zubereitungszeit: 1 Std.
Ruhezeit: 1 Std. 30 Min.
Pro Stück ca.: 450 kcal

Zutaten für 4 Stück:
100 g Butter
1/2 Päckchen Trockenhefe
225 g Mehl
1 Prise Zucker, Salz
1 TL Malzextrakt (Reformhaus)
50 ml lauwarme Milch
1 Eigelb
20 g weiße Sesamsamen
Fett für das Blech

Die Butter zerlassen. Die Hefe mit dem Mehl, Zucker, 1 Prise Salz und dem Malz mischen. Die Milch dazugießen und mit dem Mehl verkneten. Die Butter unterarbeiten, bei Bedarf noch etwas lauwarmes Wasser dazugeben. Den Teig zugedeckt 45 Min. gehen lassen.

Ein Backblech fetten. Den Teig durchkneten und in 4 gleich große Stücke teilen. Diese zu etwa 30 cm langen Strängen formen und in ausreichendem Abstand kreis- oder u-förmig auf das Blech setzen. Etwa 15 Min. gehen lassen.

Den Backofen auf 180° vorheizen. Das Eigelb mit 2 EL Wasser verrühren, die Bagels damit bestreichen und mit Sesam bestreuen. Im Backofen (Mitte, Umluft 160°) 25 Min. backen.

Überbackene Bagels

Zubereitungszeit: 30 Min.
Pro Stück ca.: 670 kcal

Zutaten für 4 Stück:
4 Tomaten, 1 rote Zwiebel, 4 Bagels
Salz, 200 g geriebener Käse
2 Stängel Petersilie

Zwischenmahlzeit im hektischen Getriebe: das Pastrami-Sandwich.

Den Backofen auf 220° vorheizen. Die Tomaten kurz überbrühen und kalt abschrecken. Dann häuten, vierteln, entkernen und in kleine Würfel schneiden. Die Zwiebel schälen und fein würfeln.

Die Bagels aufschneiden. Tomaten- und Zwiebelwürfel darauf legen, salzen und den Käse darüber streuen. Auf ein Backblech setzen und im Backofen (Mitte, Umluft 200°) 10 Min. überbacken.

Die Petersilie waschen, trockentupfen und klein schneiden. Auf die fertigen Bagels streuen.

Pastrami-Sandwich

Zubereitungszeit: 10 Min.
Pro Stück ca.: 315 kcal

Zutaten für 4 Stück:
1/2 Kopf Salat (z.B. Eisberg oder Kopfsalat)
2 Tomaten
1 große saure Gurke
4 Sandwichbrötchen
2 TL Senf
250 g Pastrami in dünnen Scheiben
200 g Joghurt

Den Salat waschen und gut abtrocknen. Die Tomaten waschen und in Scheiben schneiden. Die Gurke in kleine Stücke schneiden und in den Joghurt rühren.

Die Sandwichbrötchen der Länge nach halbieren und toasten. Mit dem Senf bestreichen.

Salatblätter, Tomatenscheiben und Pastrami auf die Sandwichscheiben legen. Gurkendip darüber geben und die Hälften zusammenklappen.

Pastrami

kennt man in fast allen orientalischen Ländern des Orients. In der Türkei heißt das würzige Fleisch Pastırma, Pasterma in Ägypten, in Syrien Basterma.

In jedem Fall ist es Rinderfilet, das mit einer dicken Paste aus Kreuzkümmel, Bockshornkleesamen, Paprikapulver, grobem Meersalz, Cayennepfeffer und Knoblauch umhüllt und an einem kühlen Platz über Wochen luftgetrocknet wird.

Das Fleisch wird fein aufgeschnitten als Mezze oder als Beilage zu Foul gegessen, ist aber auch würzige Zutat für kräftige Gemüseeintöpfe.

Borekas mit Hackfleisch

Zubereitungszeit: 45 Min.
Pro Stück ca.: 125 kcal

Zutaten für 12 Stück:
225 g TK-Blätterteig
50 g Zwiebeln
2 Knoblauchzehen
30 g Butterschmalz oder Ghee
150 g Lamm- oder Rinderhackfleisch
1 TL Tomatenmark
1/2 TL Sumak
1/2 TL gemahlener Koriander
Salz, Pfeffer
Backpapier für das Blech

Den Blätterteig auftauen lassen. Den Backofen auf 170° vorheizen, das Backblech mit Backpapier auslegen.

Die Zwiebeln und den Knoblauch schälen, fein würfeln oder klein hacken. Das Schmalz in einer Pfanne erhitzen. Zwiebeln und Knoblauch darin bei mittlerer Hitze anbraten, bis die Zwiebeln glasig sind. Das Hackfleisch unter Rühren einige Minuten mitbraten. Tomatenmark, Sumak und Koriander unterrühren. Mit Salz und Pfeffer abschmecken.

Den Blätterteig in etwa 7,5 cm große Quadrate schneiden. Auf jedes Quadrat in die Mitte 1 EL Füllung setzen, die Ecken darüber nach innen falten und etwas zusammendrücken.

Die fertigen Borekas auf das Backblech setzen und im Backofen (Mitte, Umluft 140°) in 15–20 Min. goldbraun backen.

TIPP

Die Füllungen der Yufkateigtaschen auf Seite 128 sind auch für Borekas gut geeignet. Nehmen Sie die 1 1/2-fache Menge.

Borekas mit Spinat

Zubereitungszeit: 45 Min.
Pro Stück ca.: 155 kcal

Zutaten für 12 Stück:
225 g rechteckige TK-Blätterteigplatten
Salz, Pfeffer
150 g frischer Spinat
1 kleine Zwiebel
2 Knoblauchzehen
2 EL Butterschmalz oder Ghee
50 g Butter, 2 Eier
40 g Sesamsamen
Backpapier für das Blech

Den Backofen auf 160° vorheizen. Backblech mit Backpapier auslegen. Den Blätterteig auftauen lassen. Salzwasser in einem breiten Topf zum Kochen bringen. Den Spinat waschen, putzen und im Salzwasser ein paar Minuten blanchieren. In einem Sieb abtropfen lassen.

Die Zwiebel und den Knoblauch schälen und klein schneiden. Das Schmalz in einer Pfanne erhitzen und beides darin glasig braten. Den Spinat kurz bei starker Hitze anschmoren.

Die Butter schmelzen. Die Blätterteigplatten halbieren und auf jede Hälfte je 1 EL Spinat setzen. Diagonal zu Dreiecken falten, an den Seiten leicht andrücken und mit der Butter bestreichen.

Die Eier verquirlen. Die Borekas auf ein gefettetes Backblech setzen, mit Ei bestreichen und Sesam darüber streuen. Im Backofen (Mitte, Umluft 140°) 20 Min. backen.

Borekas heißen die Teigtaschen in Israel, Börek in der Türkei. Es gibt sie in vielen Varianten, mit Fleisch oder vegetarischen Füllungen.

Hummus *ist eine Mischung aus pürierten Kichererbsen und Tahina und gehört zu den klassischen Mezze. Ganz gleich für welche Variante Sie sich entscheiden, bieten Sie immer reichlich Fladenbrot dazu an.*

Hummus Grundrezept

Einweichzeit: 12 Std.
Zubereitungszeit: 2 Std. 30 Min.
Pro Portion ca.: 275 kcal

Zutaten für 4 Personen:
250 g getrocknete Kichererbsen
1 Zwiebel
3 Knoblauchzehen
1 EL Öl
50 g Tahinapaste
2 EL Joghurt
3 EL Zitronensaft
Salz

Die Kichererbsen gut waschen, mit reichlich Wasser bedecken und über Nacht stehen lassen. Die Kichererbsen unter Wasser mit den Händen leicht gegeneinander reiben, so lösen sich die Schalen. Die Schalen, die dann oben auf dem Wasser schwimmen, abnehmen. Das Einweichwasser abgießen und aufbewahren.

Die Zwiebel und den Knoblauch schälen und klein hacken. In einem tiefen Topf das Öl erhitzen und beides darin glasig dünsten. Die Kichererbsen dazugeben und mit dem Einweichwasser gut bedecken. Kurz aufkochen und bei schwacher Hitze 2 Std. köcheln lassen.

Die Kichererbsen durch ein Sieb abgießen und die Flüssigkeit beiseite stellen. Die Kichererbsen fein pürieren. Tahinapaste, Joghurt und 2 EL Zitronensaft darunter mischen und mit Salz abschmecken. Eventuell noch etwas Zitronensaft dazugeben. Ist das Püree zu fest, noch Kochflüssigkeit hinzufügen.

Hummus auf Teller verteilen und mit einem Esslöffel in die Mitte eine Vertiefung für die Garnitur formen.

Machen sich gut auf jedem Büfett: Hummusvarianten.

Varianten

Hummus mit Paprika (links)

In die Vertiefung des Hummus 1 EL Olivenöl gießen und gehackte Petersilie darüber streuen. Eine feuchte Gabel in Paprikapulver tauchen und damit ein Muster in den Hummus drücken.

Hummus mit Foul (oben)

1 Frühlingszwiebel waschen, putzen und in feine Ringe schneiden. Die Zwiebelringe mit 1 EL Foul (Rezept Seite 53) mischen und auf den Hummus setzen.

Hummus mit Pinienkernen (unten)

1 EL Pinienkerne ohne Fett in einer Pfanne bei mittlerer Hitze rösten, dabei immer wieder wenden. In die Vertiefung des Hummus 1 EL Olivenöl gießen und die Pinienkerne und Paprikapulver auf den Hummus streuen.

Hummus gebacken (ohne Bild)

Backofen auf 200° vorheizen. 1 Grundrezept Hummus in eine flache Gratinform füllen und glatt streichen. 2 EL Butter in der Pfanne schmelzen lassen und 2 EL Pinienkerne darin hellbraun anrösten. Hummus damit begießen und im Backofen 20 Min. (Mitte, 180°) backen. Die Butter wird dabei vom Hummus aufgesogen. Dazu passen Mixed Pickles (Rezepte Seite 135) und Fladenbrot.

Kichererbsen gehören zu den Grundnahrungsmitteln in vielen arabischen Ländern.

TIPP

Statt der getrockneten Kichererbsen können Sie auch 500 g Kichererbsen aus der Dose verwenden. Entfernen Sie die Häute und verarbeiten Sie sie wie im Grundrezept beschrieben.

Fertiges Püree aus der Dose ist dagegen nicht empfehlenswert. Wenn Sie es doch einmal vewenden: Oft ist es bereits mit Tahina gewürzt.

Auberginendip

Zubereitungszeit: 15 Min.
Backzeit: 35 Min.
Pro Portion ca.: 40 kcal

Zutaten für 4 Personen:
2 große Auberginen, 1 Limette
1/2 TL gemahlener Koriander
1/2 TL Cayennepfeffer, Salz

Den Backofen auf 170° vorheizen. Die Auberginen waschen und im Backofen (Mitte) in 15–30 Min. weich backen.

Die Früchte halbieren, etwas abkühlen lassen. Das Fruchtfleisch herausschaben, klein hacken, in ein Sieb geben und den überschüssigen Saft herauslaufen lassen.

Die Limette auspressen. Den Saft und die Gewürze in einer Schüssel mit den Auberginen gründlich mischen. Nach Bedarf salzen.

Möhrendip

Zubereitungszeit: 25 Min.
Pro Portion ca.: 85 kcal

Zutaten für 4 Personen:
10 Möhren, Salz
1 Limette, 1 TL Zucker
1/2 TL gemahlener Kardamom
1/2 TL Cayennepfeffer
2 EL Olivenöl

Die Möhren schälen, in Stücke schneiden und in Salzwasser 4 Min. garen. Kalt abschrecken, mit dem Pürierstab grob zerkleinern und in eine Schüssel geben.

Die Limette auspressen. Den Saft, die Gewürze und das Öl zu den Möhren geben und gründlich mischen. Eventuell noch salzen.

Joghurtdip

Zubereitungszeit: 8 Min.
Pro Portion ca.: 170 kcal

Zutaten für 4 Personen:
1 kleine Knoblauchzehe
150 g Crème fraîche
200 g milder Joghurt
2 EL Zitronensaft
Salz
weißer Pfeffer
1 Prise Sumak

Den Knoblauch schälen und hacken. Den Joghurt und die Crème fraîche mit dem Knoblauch und dem Zitronensaft mischen, zwischendurch mit Salz und Pfeffer kräftig abschmecken. In eine Schale füllen und mit Sumak dekorieren.

Scharfer Joghurtdip

Zubereitungszeit: 8 Min.
Pro Portion ca.: 175 kcal

Zutaten für 4 Personen:
1 kleine, frische rote Chilischote
150 g Crème fraîche
200 g milder Joghurt
1 TL Tomatenmark
2 EL Zitronensaft
Salz
weißer Pfeffer
1 Prise Za'atar

Die Chilischote putzen, längs halbieren, entkernen und klein schneiden. Den Joghurt und die Crème fraîche mit Tomatenmark, Chili und Zitronensaft mischen, mit Salz und Pfeffer kräftig abschmecken. In einer Schale anrichten und mit Za'atar dekorieren.

Die Dips (unten sehen Sie den scharfen Joghurtdip) mit Gemüsestreifen sind erfrischende Ergänzungen der Mezzetafel. Sie eignen sich aber auch hervorragend als Beigabe zu gegrilltem Fleisch oder Fisch.

oben: Auberginendip
unten: Möhrendip
rechts: Za'atar

Eine Mezzetafel *ohne Babaganoush ist undenkbar. Die Auberginencreme sollte rauchig-herb schmecken. Das bekommt man am offenen Feuer natürlich prima hin, indem man die ganzen Früchte vor dem Backen übers Feuer hält. Wer einen Gasherd hat, kann das an der Flamme einmal ausprobieren.*

Babaganoush

Damit beim Garen die Haut nicht rissig wird, werden die Auberginen vorher mit Öl eingepinselt. Ganz leicht lässt sich das gegarte Fruchtfleisch mit einem Löffel herausschaben.

Zubereitungszeit: 15 Min.
Backzeit: 30 Min.
Pro Portion ca.: 65 kcal

Zutaten für 6 Personen:
600 g Auberginen
2 Knoblauchzehen
1/2 Bund Petersilie
2 EL Tahina
3 EL Zitronensaft
2 EL Olivenöl
Salz
schwarzer Pfeffer
1 eingelegte Chilischote
Öl zum Einpinseln

Den Backofen auf 150° vorheizen. Die Auberginen einölen, mit einer Gabel mehrmals einstechen und im Ofen (Mitte, Umluft 130°) 15–30 Min. (je nach Größe) garen, bis sie weich sind.

Die Auberginen abkühlen lassen und längs einschneiden. Das Fruchtfleisch mit einem Löffel herausschaben. Die Schale wegwerfen. Das Fruchtfleisch pürieren oder hacken und in eine Schüssel geben.

Den Knoblauch schälen und zerdrücken. Die Petersilie waschen und trockentupfen, die Blätter abzupfen und fein hacken. Nach und nach Knoblauch, Petersilie, 1–2 EL Tahinapaste und 2 EL Zitronensaft zur Auberginenmasse geben und alles gut verrühren.

Das Olivenöl unterrühren, mit Salz und Pfeffer abschmecken. Eventuell noch etwas Zitronensaft dazugeben. In eine Schüssel einfüllen und die Chilischote drauflegen. Gut macht sich darauf eine hauchdünne, frittierte Möhrenscheibe.

TIPPS

Zum Garen der Auberginen ist die Mikrowelle sehr praktisch. Bei 600 Watt sind sie in 7–8 Min. weich. Wird die Creme zu bitter, geben Sie noch etwas Joghurt dazu.

Variante mit Granatapfelsirup

Die Auberginen garen und aus der Schale lösen wie beschrieben. Dann mit einem großen Messer fein hacken, in einem Sieb abtropfen lassen. In einer Schüssel mit 2 EL Granatapfelsirup, 3 EL Olivenöl, Salz, Pfeffer und nach Belieben 1 gepressten Knoblauchzehe mischen. Mit Petersilie bestreuen.

Varianten für die Garnitur

Statt der frittierten Möhrenscheibe eignen sich auch

- fein gehackte Petersilie, gemischt mit abgeriebener Zitronenschale
- geröstete Pinienkerne
- Granatapfelkerne (besonders für die Variante mit Granatapfelsirup).

Tabouleh ist im Vorderen Orient und in der Türkei sehr populär. In der Türkei heißt der Salat Kısır. Auch in Frankreich findet man den Salat häufig. Dorthin wurde er aus dem Libanon importiert.

Bulgur *ist geschroteter Weizen. Er ist in verschiedenen Körnungen erhältlich und die Grundlage für Couscous. Für die warmen Gerichte wird er traditionell über Dampf gegart (siehe Seite 142). Für Tabouleh verwendet man die feine Sorte, die nur in Wasser quellen muss.*

Tabouleh

Zubereitungszeit: 20 Min.
Pro Portion ca.: 265 kcal

Zutaten für 4 Personen:
200 g feiner Bulgur
2 große Bund glatte Petersilie
1/4 Bund frische Minze
1 große Tomate
6 EL Zitronensaft
4 EL Olivenöl
Salz, Pfeffer

Dekoration:
3 Stängel Petersilie
4 Kirschtomaten

Den Bulgur 20 Min. in lauwarmem Wasser einweichen.

Inzwischen die Petersilie und die Minze waschen und trockentupfen. Die Blätter abzupfen und fein hacken. Die Tomate waschen, halbieren und entkernen. Das Fruchtfleisch ohne den Stielansatz fein würfeln.

Den Bulgur in einem Sieb abgießen und unter fließendem kaltem Wasser gründlich waschen. Gut abtropfen lassen. Sämtliche Zutaten in eine große Salatschüssel geben und gründlich durchmischen.

Zum Anrichten die Kirschtomaten waschen und vierteln. Die Petersilie zerpflücken und damit den Salat dekorieren.

Tabouleh mit Seebarsch

Vorbereitungszeit: 30 Min.
Garzeit: 20 Min.
Pro Portion ca.: 555 kcal

Zutaten für 4 Personen:
250 g feiner Bulgur
4 Seebarschfilets
Salz, weißer Pfeffer
2 unbehandelte Orangen
1 unbehandelte Zitrone
2 rote Paprikaschoten
100 ml Olivenöl
1 Stängel Petersilie

Den Bulgur in lauwarmem Wasser 20 Min. quellen lassen. Über ein Sieb abgießen und gut abtropfen lassen.

Inzwischen die Seebarschfilets waschen, abtrocknen, salzen und pfeffern. In einem Sieb auf eine Schüssel stellen, damit der Saft ablaufen kann. Von den Orangen und der Zitrone mit einem scharfen dünnen Messer oder dem Sparschäler die Haut millimeterdünn abschälen. Die weiße Schicht auf keinen Fall mit abschälen. Die Schalen fein hacken, mit kochendem Wasser übergießen und in Eiswasser abschrecken. Abtropfen lassen.

Die Paprikaschoten waschen, putzen und klein würfeln. In einem Topf etwas Olivenöl erhitzen und die Paprika darin bei starker Hitze unter Rühren 2 Min. anbraten. Mit den Zitrusschalen gut unter den Bulgur mischen und mit Salz und Pfeffer würzen. Warm stellen.

Alle Zitrusfrüchte auspressen und das restliche Fruchtfleisch herauslösen. Beides zum Kochen bringen. Das restliche Olivenöl bis auf 2 EL hineinrühren und mit Pfeffer und Salz abschmecken.

2 EL Öl in einer Pfanne leicht erhitzen und den Seebarsch darin auf jeder Seite 2 Min. braten.

Das Tabouleh auf vorgewärmte Teller verteilen, den Fisch darauf setzen und mit der Zitronensauce umgießen. Mit Petersilie dekorieren.

Der gebackene Ziegenkäse, der rechts abgebildet ist, ist ein jüdisches Gericht. Harissa, Thymian und Minze geben ihm den orientalischen Touch.

Käse *wird im Vorderen Orient traditionell aus Ziegen- oder Schafmilch hergestellt. Sehr selten gibt es auch Käse aus Büffelmilch. Beliebt ist der Frischkäse Labaneh (Rezept Seite 131), der unbedingt auf jede Mezzetafel gehört. Die Nomaden der Wüste füllen Ziegenkäse zur Reifung und zum Transport in Ziegenhäute.*

Tunesischer Salat

Zubereitungszeit: 25 Min.
Pro Portion ca.: 165 kcal

Zutaten für 4 Personen:
6 Möhren
2 grüne Paprikaschoten
1 rote Zwiebel
1 Dose Tunfisch naturell (200 g)
10 schwarze entkernte Oliven
3 EL Zitronensaft
3 EL Olivenöl
Salz, Pfeffer

In einem breiten Topf etwa eine Handbreit Wasser zum Kochen bringen. Die Möhren putzen, in dünne Scheiben schneiden und im kochenden Wasser 3 Min. blanchieren. Die Paprika waschen, putzen und in dünne Streifen schneiden. Die Zwiebel schälen und in dünne Längsscheiben schneiden. Den Tunfisch in einem Sieb abtropfen lassen und mit einer Gabel etwas zerpflücken. Die Oliven halbieren.

Alle Zutaten auf einem Teller anrichten. Den Zitronensaft mit Olivenöl, Salz und Pfeffer mit einem Schneebesen verrühren und über den Salat träufeln. Nach Belieben mit einem Pfefferzweig dekorieren.

Varianten

Für diesen frischen Salat sind alle sommerlichen Salatgemüse wie Paprikaschoten, Tomaten, Gurken geeignet. Einfach fein gewürfelt untermischen.

Er kann auch gut durch hart gekochte Eier angereichert werden. Zusätzliche Würze geben Kapern oder frische Minze.

Gebackener Ziegenkäse

Zubereitungszeit: 30 Min.
Pro Portion ca.: 455 kcal

Zutaten für 4 Personen:
1 Möhre
4 Zweige frische Minze
1 kleine Zwiebel
1 Knoblauchzehe
1 EL Olivenöl
1/2 TL Harissa
1 EL Weinessig
1 Ei
1/2 TL frische Thymianblättchen
Muskatnuss, frisch gerieben
4 EL Mehl
400 g frischer Ziegenkäse am Stück (Ziegenrolle)
Öl zum Frittieren

Die Möhre waschen und schälen. Mit einem Sparschäler in hauchdünne Längsscheiben schneiden. Die Minze waschen, trockentupfen und die Blätter von den Zweigen zupfen. Die Zwiebel schälen und fein hacken. Den Knoblauch schälen, zerdrücken und damit eine Schüssel von innen ausreiben. Öl, Harissa und Essig verquirlen, mit Zwiebel und Möhrenstreifen mischen.

Das Ei mit Thymian und Muskat verquirlen. Das Mehl in einen flachen Teller geben. Den Käse in 4 Stücke schneiden und im Mehl wälzen. Mit der Eimasse überziehen und wieder im Mehl wälzen. In einer tiefen Pfanne reichlich Öl erhitzen und die Käsestücke darin (oder in der Fritteuse) von beiden Seiten goldbraun backen. In einem Sieb auf Küchenpapier entfetten.

Den Käse auf dem Möhrensalat anrichten und die Minze darüber verteilen. Warm servieren.

Variante

Besonders delikat wird dieses Gericht, wenn man eine scharfe Käsesorte nimmt und zu den Möhren noch Orangenfilets gibt.

Falafel *können aus Kichererbsen, aus getrockneten Dicken Bohnen oder aus beiden hergestellt werden. In Ägypten bevorzugt man die geschälten Dicken Bohnen, in Syrien, Libanon, Jordanien, Israel und den palästinensischen Gebieten bereitet man Falafel aus Kichererbsen zu. Auch bei uns werden sie als pikanter Snack immer beliebter. Man isst sie ganz traditionell im Pitabrot mit Joghurtsauce, Hummus und Salat oder zusammen mit anderen Mezze.*

Falafel Grundrezept

Zubereitungszeit: 1 Std.
Einweichzeit: 12 Std.
Pro Portion ca.: 230 kcal

Zutaten für 4 Personen:
250 g getrocknete Kichererbsen
1/2 Bund Koriandergrün
1 Zwiebel, 1 Knoblauchzehe
Salz, Pfeffer
1/2 TL gemahlener Kreuzkümmel
1 El Zitronensaft, Öl zum Frittieren

Die Kichererbsen waschen und 12 Std. in reichlich Wasser einweichen. Die gelösten Hülsen abnehmen und die Erbsen abgießen.

Koriander waschen und trockentupfen. Blätter abzupfen und fein hacken. Zwiebel schälen und vierteln. Den Knoblauch schälen und grob hacken.

Die Kichererbsen mit Knoblauch, Koriander und Zwiebeln im Mixer pürieren oder durch den Fleischwolf drehen. Mit Salz, Pfeffer, Kreuzkümmel und Zitronensaft würzen. Den Teig zu tischtennisgroßen Bällchen formen.

In eine Pfanne oder den Wok etwa 4 cm hoch Öl geben, erhitzen und die Falafel darin 2–3 Min. bei starker Hitze goldbraun frittieren. Mit einem Schaumlöffel herausnehmen, auf Küchenpapier abtropfen lassen.

Falafel in Pitabrot

Zubereitungszeit: 10 Min.
Pro Stück ca.: 465 kcal

Zutaten für 4 Stück:
Falafel von 1 Grundrezept
1 Zwiebel, 2 Knoblauchzehen
100 g Joghurt
1 TL Paprikapulver
Salz, Pfeffer

Für die Garnitur:
4 kleine Pitabrote (Rezept Seite 21
oder Fertigprodukt)
5 Blätter Kopfsalat
1/4 Salatgurke, 2 Tomaten
4 eingelegte Chilischoten

Falafel kann man auch gut füllen, hier mit Zwiebeln.

Für die Sauce die Zwiebel und den Knoblauch schälen und sehr fein hacken. Mit dem Joghurt verrühren, pfeffern und salzen. Unter eine Hälfte der Sauce das Paprikapulver rühren.

Salat, Gurken und Tomaten waschen, putzen und in Stücke schneiden. Die Brote aufbacken, dann oben ein Stück abschneiden und das Gemüse in die Brottaschen verteilen. Chilischoten und Falafel obenauf legen und mit den Saucen beträufeln.

Falafel mit Fetakäse

Zubereitungszeit: 1 Std. 15 Min.
Einweichzeit: etwa 12 Std.
Pro Portion ca.: 365 kcal

Zutaten für 4 Personen:
1 Grundrezept Falafelteig
150 g Fetakäse
2 El Sesamsamen
1 kleine Dose Paprikapüree

Den Falafelteig nach dem Grundrezept zubereiten.

Den Fetakäse fein zerbröseln. 2–3 EL Falafelteig zu einem Bällchen formen und mit der Hand flachdrücken. Etwa 1 EL Feta darauf legen und den Teig zu einem Bällchen schließen und etwas flachdrücken. Auf diese Weise alle Falafel zubereiten.

Die Falafel wie im Grundrezept beschrieben im heißen Öl frittieren.

Falafel auf einem großen Teller anrichten und mit Sesam bestreuen. Die übrigen Fetabrösel und etwas Paprikapüree dazulegen.

TIPP

Es klingt befremdlich, aber: Zur klassischen Version gehören in Israel unbedingt auch Pommes frites.

Falafel mit Zwiebeln

Zubereitungszeit: 1 Std. 15 Min.
Einweichzeit: 12 Std.
Pro Portion ca.: 250 kcal

Zutaten für 4 Personen:
1 Grundrezept Falafelteig
120 g Zwiebeln
1 TL Olivenöl, 20 g Sumak

Garnitur:
1 Zwiebel, 1 kleine Knoblauchknolle
eingelegte Chilischoten

Den Falafelteig nach dem Grundrezept zubereiten.

Für die Füllung die Zwiebel schälen und fein hacken. Das Olivenöl erhitzen und die Zwiebel darin glasig dünsten. Mit Sumak mischen und abkühlen lassen. Den Falafelteig zu handgroßen Fladen formen. 1 gehäuften TL Füllung in die Mitte der Fladen geben und den Teig zu einer dicken »Zigarre« rollen.

Die Falafel wie im Grundrezept frittieren und auf Küchenpapier entfetten.

Für die Garnitur die Zwiebel schälen und in Streifen schneiden. Falafel auf einem großen Teller anrichten und mit Zwiebelstreifen, der Knoblauchknolle und eingelegten Chilis anrichten.

Typisch Streetfood: Falafel werden in Imbissständen an der Straße frisch zubereitet.

Scharfer Tomatensalat oder süß-saure Zwiebeln – beides erfrischende Beilagen zu gegrilltem Fleisch oder Fisch.

Tamarinde *oder Sauerdattel ist ein genügsamer Baum, der in allen tropischen und subtropischen Regionen wächst. Das klebrige Mark seiner bohnenähnlichen Früchte gibt den Speisen einen angenehm säuerlichen Geschmack und eignet sich auch als Basis für erfrischende Limonaden (Rezept Seite 185). Sie können Tamarindenmark als gepressten Block oder als Extrakt im Glas kaufen. Das Mark enthält noch die Kerne und muss eingeweicht und anschließend durchgesiebt werden.*

Scharfer Tomatensalat

Zubereitungszeit: 20 Min.
Pro Portion ca.: 110 kcal

Zutaten für 4 Personen:
6 große Tomaten
1 grüne Chilischote
1 Bund Koriandergrün
30 g getrocknete Tomaten
1 Limette, 3 EL Olivenöl
Salz, Pfeffer

Die Tomaten kreuzweise einritzen, mit kochendem Wasser überbrühen und die Haut abpellen. Tomaten in Spalten schneiden, Stielansätze und die Kerne entfernen. Die Chilis längs aufschneiden, die Kerne herauskratzen, die Schoten sehr fein schneiden und zu den Tomaten geben. Den Koriander waschen, die Blätter fein hacken. Die getrockneten Tomaten klein schneiden und dazugeben.

Die Limette auspressen, den Saft mit dem Öl, Salz und Pfeffer zu einer Vinaigrette verrühren und über dem Gemüse verteilen. Durchmischen und anrichten.

Varianten

Tomatensalat mit Paprika

500 g Tomaten, 2 Zwiebeln, 5 grüne milde Spitzpaprika putzen und in Spalten bzw. Ringe schneiden. Mit einer Marinade aus Zironensaft, Olivenöl, Salz, Pfeffer und Minzeblättern mischen.

Tomatensalat mit Stangensellerie und Salzzitronen

500 g Tomaten, 1 grüne Paprika und 3 Stangen Staudensellerie putzen und würfeln. 3 Frühlingszwiebeln in Ringe schneiden. Die Schale von 1/2 Salzzitrone (Rezept Seite 131) in Streifen schneiden und mit dem Gemüse mischen. Eine Marinade aus Zitronensaft, Olivenöl, Pfeffer und Korianderblättchen rühren, über das Gemüse gießen und 50 g grüne entkernte Oliven dazugeben.

Zwiebeln mit Tamarinde

Vorbereitungszeit: 25 Min.
Garzeit: 45 Min.
Pro Portion ca.: 85 kcal

Zutaten für 4 Personen:
400 g kleine Zwiebeln
2 EL Olivenöl
1 gehäufter EL Tamarindenextrakt (Glas oder Dose)
1 EL Zucker, Salz
Koriandergrün zum Anrichten

Die Zwiebeln schälen und halbieren. In einer Pfanne das Öl erhitzen und die Zwiebeln darin bei mittlerer Hitze braun schmoren. Dabei öfter wenden.

Das Tamarindenmark in etwas heißem Wasser und dem Zucker anrühren. Zu den Zwiebeln in die Pfanne geben und alles unter Rühren 1 Min. weiterschmoren. Zudecken und bei schwacher Hitze garen, bis die Zwiebeln weich sind. Eventuell noch etwas Wasser dazugeben.

Die Zwiebeln mit Salz abschmecken, in eine Schüssel geben und mit Korianderblättern dekorieren. Die Zwiebeln passen kalt oder warm zu Brot und als Beilage zu Fleischgerichten oder aufs Büfett.

TIPP

Sie können die süß-sauren Zwiebeln im Kühlschrank 1 Woche aufheben. Reste kann man gut in einem Schmorgericht verwerten.

Birnen süß-sauer

Zubereitungszeit: 10 Min.
Marinierzeit: 30 Min.
Pro Portion ca.: 285 kcal

Zutaten für 4 Personen:
1/4 l Weißweinessig
150 g Rohrzucker (oder Honig)
2 Stück Zimtrinde
1/2 TL Zimtpulver
1/2 TL Safranfäden
50 g Pinienkerne
5 Stück Sternanis
1 getrocknete Chilischote
3 große reife, feste Birnen

In einem breiten Topf den Essig und 100 ml Wasser mit dem Zucker, dem Zimt, dem Safran, den Pinienkernen, dem Sternanis und der Chilischote kurz aufkochen und 10 Min. köcheln lassen.

Inzwischen die Birnen längs in etwa 3mm dünne Scheiben schneiden (das geht am besten mit der Brotschneidemaschine). Die Scheiben in die kochende Flüssigkeit geben. Heißes Wasser dazugeben, bis die Früchte bedeckt sind. 1 Min. weiterköcheln lassen. Dann den Topf vom Herd nehmen und die Birnen 30 Min. durchziehen lassen. Die Chilischote herausnehmen.

Passt wie Pickles auf die Mezze-Tafel oder als Beilage zu gegrilltem oder gebratenem Lamm.

Gurkensalat mit Granatapfelkernen

Zubereitungszeit: 20 Min.
Pro Portion ca.: 40 kcal

Zutaten für 4 Personen:
1 Granatapfel
1 Salatgurke
Zitronensaft
1 Prise Zucker
bunter Pfeffer, Salz
1 Zweig frische Minze

Den Granatapfel über einer Schüssel mit einem scharfen Messer aufschneiden und die Kerne herauslöffeln. Alle Samenhäutchen sorgfältig entfernen, sie schmecken bitter. Die Gurke schälen und in Scheiben schneiden.

Gurkenscheiben und Granatapfelkerne in der Schüssel mit 4–6 EL Zitronensaft und dem Zucker mischen, pfeffern und salzen. Den Salat auf vier Schüsseln verteilen und mit Minzeblättern dekorieren. Als erfrischende Beilage zu Fleisch- und Reisgerichten reichen.

Variante: Gurkensalat mit Salzzitrone und Kapern

1 Gurke schälen, halbieren, entkernen und in kleine Würfel schneiden. 1 Salzzitrone abspülen und ebenfalls würfeln. Beides mit 1 EL Kapern und einer Marinade aus 3 EL Olivenöl, 1 EL Essig, 1 TL getrockneten, zerriebenen Pfefferminzblättern, wenig Salz (die Zitrone ist schon salzig) und Pfeffer mischen.

Granatäpfel werden sehr vielseitig verwendet. In Spezialitätenläden gibt es auch Granatapfelsirup und -konzentrat.

Okraschoten können, wie auch Auberginen und Paprikaschoten (siehe Seite 137), als Vorrat für den Winter getrocknet werden.

Okras gedeihen *in südlichen Ländern und sind bisher in Mitteleuropa wenig bekannt. Die fingergroßen achteckigen Früchte haben einen milden, herb-würzigen, säuerlichen Geschmack und werden frisch oder als Konserve angeboten. Okras eignen sich blanchiert für Salate wie auch geschmort zu kräftigem Fleisch und Fischgerichten.*

Artischockenherzen in Olivenöl

Zubereitungszeit: 25 Min.
Garzeit: 20 Min.
Pro Portion ca.: 335 kcal

Zutaten für 4 Personen:
8 kleine Artischocken
6 EL Weißweinessig
2 TL Salz
2 Zitronen
100 ml Olivenöl
1 Bund Dill

Die Artischocken gründlich waschen, in einen Topf legen und mit Wasser bedecken. Den Essig und 1/2 TL Salz hinzufügen und 20 Min. sprudelnd kochen lassen.

Die Artischocken herausnehmen und abkühlen lassen.

Jeweils den Stielansatz, die unteren Blätter und die oberen zwei Drittel der Blätter abschneiden. Mit einem Löffel das Innere bis auf den Boden aushöhlen und damit das »Heu« entfernen. Es sollen etwa 5 cm große Höhlen entstehen.

Die Artischockenböden leicht salzen. 1 Zitrone auspressen. Den Saft mit dem Olivenöl verschlagen und in die Artischocken träufeln. Mit Dill und einigen schönen Artischockenblättern dekorieren. Die zweite Zitrone achteln und zu den Artischockenböden servieren.

TIPP

Kleine Artischocken schmecken nicht nur zarter als große, sie sind auch praktischer: Sie haben noch keine Härchen (Heu) in ihrem Inneren, die man entfernen muss.

Süß-saure Okras

Zubereitungszeit: 25 Min.
Pro Portion ca.: 195 kcal

Zutaten für 4 Personen:
Salz, 400 g frische Okraschoten
5 EL Olivenöl
3 Limetten
50 g Rohrzucker
bunter Pfeffer

Salzwasser zum kochen bringen. Die Okras waschen und die Stielansätze knapp abschneiden, dabei die Früchte nicht verletzen. Die Okras im kochenden Wasser 8 Min. blanchieren, dann herausnehmen und mit einem Küchentuch trockentupfen.

Das Öl in einer beschichteten Pfanne erhitzen, die Okras hineingeben und etwas salzen. Bei mittlerer Hitze unter ständigem Wenden 5–7 Min. braten. Eventuell etwas Wasser dazugeben, damit sie nicht anbrennen.

Die Okras herausheben und auf einer Platte anrichten. 2 Limetten auspressen, den Saft mit dem Zucker verrühren. Den Saft in das heiße Öl geben und unter ständigem Rühren köcheln lassen, bis die Sauce sämig wird. Über den Okras verteilen, pfeffern und mit Limettenstücken garnieren. Kalt servieren.

Variante
Okra-Tomaten-Gemüse

Okras vorbereiten wie oben beschrieben. Bevor die Okras in die Pfanne kommen, im Olivenöl 1 fein gehackte Zwiebel, je 1/4 TL gemahlenen Koriander und Kreuzkümmelsamen anbraten. 2 Knoblauchzehen dazupressen. 2 grob gewürfelte Tomaten und 1 gewürfelte rote Paprikschote 5 Min. mitbraten. Salzen und 1 TL Tamarindenextrakt unterrühren. Die Okras dazugeben und weitere 10 Min. garen. Mit Salz, Pfeffer, Zucker abschmecken.

Mit eingelegten Tomaten und Pitabrot ist schnell ein Imbiss hergerichtet.

Eingelegte Kirschtomaten

Zubereitungszeit: 45 Min.
Marinierzeit: 1 Woche
Pro Glas ca.: 475 kcal

Zutaten für 2 Gläser à 300 ml:
Für die Marinade:
200 ml Essig
60 g Zucker
Salz
Kräuter nach Belieben
Pfefferkörner
2 Knoblauchzehen

Für die Tomaten:
400 g Kirschtomaten
Salz
1 Bund frischer Oregano
8 Knoblauchzehen
Olivenöl

300 ml Wasser mit allen Zutaten für die Marinade 10 Min. bei schwacher Hitze köcheln lassen.

Tomaten waschen. Reichlich Salzwasser aufkochen, Tomaten 3 Min. darin blanchieren, dann abtropfen lassen. Mit den Oreganozweigen in sterile Gläser füllen.

Die Knoblauchzehen schälen und auf die Tomaten pressen. Die heiße Marinade darüber gießen, mit Olivenöl auffüllen. Die Tomaten müssen vollständig bedeckt sein. Gläser verschließen und die Tomaten 1 Woche durchziehen lassen.

Gegrillte Paprika mit Früchten

Zubereitungszeit: 25 Min.
Pro Portion ca.: 90 kcal

Zutaten für 4 Personen:
2 rote Paprikaschoten
1/2 Honigmelone
1 Limette
4 EL Olivenöl
1/2 TL Pul Biber
Salz

Den Backofen auf 220° vorheizen. Die Paprikaschoten waschen, halbieren, Kerne, Trennwände und Stielansatz entfernen. Mit der Hautseite nach oben auf ein Backblech legen und im Backofen grillen, bis die Haut dunkel wird und Blasen bildet.

Herausnehmen, mit einem feuchten Tuch bedecken und etwas abkühlen lassen. Die Paprika häuten und in 1-2 cm breite Streifen schneiden.

Die Honigmelone schälen, entkernen und in möglichst gleichgroße Streifen schneiden.

Paprika- und Melonenstreifen abwechselnd auf einem Teller anrichten. Die Limette auspressen, den Saft mit Öl und Essig mischen und über die Paprika träufeln. Pul Biber darüberstreuen und salzen.

Variante

Statt mit Früchten schmecken die Paprika sehr gut mit zerbröckeltem Schafkäse und Oregano oder frischem Ziegenkäse und schwarzen Oliven.

Lammhackspieße

Zubereitungszeit: 20 Min.
Grillzeit: 10 Min.
Pro Portion ca.: 195 kcal

Zutaten für 4 Personen:
1 Bund Koriandergrün
500 g mageres Lammhackfleisch
1 Ei
1/2 TL gemahlener Kreuzkümmel
Salz, Pfeffer
2 Zwiebeln
3 schnittfeste Tomaten
1 EL Öl
Grillspieße

Den Koriander waschen, trockentupfen und die Blättchen fein schneiden. Mit dem Lammfleisch, dem Ei und den Gewürzen in eine Schüssel geben und mit den Händen kräftig durchmengen.

Die Zwiebeln schälen, vierteln und jedes Segment noch einmal quer durchschneiden, Tomaten waschen und genauso schneiden, dabei die Stielansätze entfernen.

Den Fleischteig zu Bällchen formen, die etwa der Größe der Gemüsestücke entsprechen und mit diesen abwechselnd auf Grillspieße stecken.

Alles mit Öl bepinseln und etwa 10 Min. auf den vorgeheizten Grill legen. Oder unter dem vorgeheizten Backofengrill pro Seite 7–8 Min. braten. Zwischendurch einige Male wenden.

TIPP

Die Hackfleischbällchen kann man auch in der Pfanne braten. Dazu schmeckt dann besonders gut der Scharfe Tomatensalat von Seite 41.

Lammschaschlik

Zubereitungszeit: 1 Std.
Marinierzeit: 3 Std.
Pro Portion ca.: 235 kcal

Zutaten für 4 Personen:
5 Zwiebeln
4 Knoblauchzehen
8 EL Zitronensaft
1 EL Olivenöl
1/4 Bund Thymian
1/4 Bund Minze
1/2 EL gemahlener Kreuzkümmel
Salz, Pfeffer
600 g Lammfleisch
je 1 rote und gelbe Paprikaschote
250 g Kirschtomaten (etwa 16 Stück)
8 große Spieße

3 Zwiebeln und den Knoblauch schälen und in kleine Stücke schneiden. Beides mit dem Zitronensaft und dem Olivenöl pürieren.

Thymian und Minze waschen, trockentupfen und die Blättchen fein hacken. Mit dem Kreuzkümmel unter das Püree mischen und gut verrühren. Marinade salzen und pfeffern.

Das Fleisch in 2 x 2 cm große Stücke schneiden, in eine Schüssel legen, die Marinade darüber gießen und etwa 3 Std. zugedeckt im Kühlschrank ziehen lassen.

Paprika waschen, putzen und in 2 x 2 cm große Stücke schneiden. Restliche Zwiebeln schälen und achteln. Kirschtomaten waschen und die Stielansätze entfernen. Abwechselnd Fleisch, Paprika, Zwiebeln und Kirschtomaten auf die Spieße stecken.

Lammschaschlik auf dem Holzkohle- oder Elektrogrill von beiden Seiten 15 Min. grillen, dabei zwischendurch mit der Marinade bestreichen. Oder in einer Pfanne etwas Olivenöl erhitzen, die Spieße darin scharf anbraten. Etwa 20 Min. braten, dabei wenden und mit Marinade bestreichen. Aufpassen, dass nichts anbrennt!

Vom Holzkohlengrill schmeckt das Lammschaschlik besonders gut.

Garnelenspieße

Zubereitungszeit: 1 Std.
Pro Portion ca.: 185 kcal

Zutaten für 4 Personen:
800 g rohe, geschälte Riesengarnelen
1 Eiweiß
1 EL gehacktes Koriandergrün
1 Prise Chilipulver
1 Prise gemahlener Kreuzkümmel
1 TL Za'atar
Salz, Pfeffer
16 Kirschtomaten
8 große Spieße

Die Garnelen waschen und längs aufschlitzen. Die Därme entfernen und die Garnelen mit einem Messer fein hacken. Mit dem Eiweiß und den Gewürzen in eine Schüssel geben. Mit der Hand alles gut verkneten und kalt stellen. Die Tomaten waschen.

Die Garnelenmasse in 16 gleich große Portionen aufteilen und zu Würsten formen. Jeweils 2 abwechselnd mit 2 Kirschtomaten auf die Spieße reihen und auf dem vorgeheizten Grill knusprig braten. (Oder in einer Pfanne in Öl 10 Min. braten.)

Die Garnelenspieße mit Kartoffeln (Rezept Seite 79) und je 1 Zitronenhälfte auf Tellern anrichten. Dazu können Sie Mezze und geröstetes Pitabrot servieren.

Varianten

Garnelen-Gemüse-Spieße

Garnelen eignen sich natürlich auch unzerkleinert für feine Grillspieße:

Legen Sie 1 kg rohe Garnelen mit Schale aber ohne Kopf für 2 Stunden in eine Marinade aus Olivenöl, Zitronensaft, Chilipulver, gehacktem Knoblauch, Za'atar und Salz. Danach werden sie abwechselnd mit Tomaten, Paprikastücken und kleinen halbierten Zwiebeln auf die Spieße gesteckt und bei mittlerer Hitze gegrillt. Dabei ab und zu mit der Marinade bestreichen.

Schwertfischspieße

800 g Schwertfisch waschen, gegebenenfalls häuten und würfeln. 1 TL Paprikapulver, 1 TL Zitronensaft, 1 TL Olivenöl, Salz und 5 Lorbeerblätter verrühren und die Fischwürfel darunter mischen. Etwa 3 Std. kühl stellen und marinieren. Dann die Fischwürfel auf Spieße stecken, ab und zu 1/2 Lorbeerblatt dazwischen stecken. Auf dem Holzkohlegrill oder unter dem Backofengrill von beiden Seiten etwa 12 Min. grillen. Mit einer Sauce aus 2 TL Olivenöl, 3 EL Zitronensaft, 1 TL gehackter Petersilie und Salz servieren.

Fast alle nordafrikanischen Länder grenzen ans Mittelmeer. Entsprechend reichhaltig ist das Fischangebot. Oft sind die Fangmethoden noch traditionell.

Foul – auch schon zum Frühstück

Foul gehört zu Ägypten wie die Fische zum Nil. Es ist das ägyptische Nationalgericht und oft die erste Mahlzeit des Tages. Man kann es beim Straßenverkäufer direkt aus dem dampfenden, bauchigen Gefäß kaufen – entweder in Brottaschen für den Imbiss unterwegs oder zum Mitnehmen nach Hause.
Dort wird der Bohnenbrei dann mit Olivenöl, Zitronensaft, Knoblauch und Gewürzen verfeinert und mit Gemüsewürfeln, Salat oder Eiern angereichert.

Foulverkäufer mit Kundschaft in den Straßen Kairos. Das ägyptische Nationalgericht wird als »Fertiggericht« angeboten.

Foul

Zubereitungszeit: 1 Std. 30 Min.
Einweichzeit: 12 Std.
Marinierzeit: 12 Std.
Pro Portion ca.: 430 kcal

Zutaten für 4 Personen:
300 g getrocknete Foulbohnen
3 Knoblauchzehen
1 Bund glatte Petersilie
1 Tomate
Salz, gemahlener Kreuzkümmel
150 ml Olivenöl
100 ml Zitronensaft

Die Foulbohnen gründlich waschen, in einem Topf mit 1 l Wasser bedecken und über Nacht einweichen.

Die Bohnen mit dem Einweichwasser kurz aufkochen lassen und zugedeckt bei schwacher Hitze in 1 1/2 Std. weich kochen. Falls nötig, noch Wasser dazugeben.

Den Knoblauch schälen und in eine Schüssel pressen. Die Petersilie waschen und abtrocknen. Die Blätter abzupfen und fein hacken. Die Tomate waschen, vierteln, entkernen und in feine Würfel schneiden.

Knoblauch, Petersilie und Tomate in eine große Schüssel füllen, mit Salz und 1 Prise Kreuzkümmel würzen. Zitronensaft und Olivenöl darüber gießen und alles mischen. Die fertigen Bohnen in ein Sieb abgießen und mit der Marinade mischen. Über Nacht im Kühlschrank durchziehen lassen.

TIPP

Statt Foulbohnen können Sie ersatzweise getrocknete Acker- oder Saubohnen verwenden. Nehmen Sie keine Dosenbohnen, auch wenn es schneller geht.

Der Basar –
eine Stadt in der Stadt

Ein großer Teil des orientalischen Lebens spielt sich auf dem Basar ab. Hier wird nicht nur gekauft und gehandelt, hier wird Tee oder Kaffee getrunken und werden Kontakte gepflegt, hier entstehen Freundschaften.

Um den Preis für ein Ware zu feilschen, das ist in Mitteleuropa immer noch ungewöhnlich. Zwischen unseren und den orientalischen Märkten liegen Welten. Während hierzulande offene Kritik am Verkaufspreis manchem Händler gleich wie ein Betrugsvorwurf vorkommt, kann es in den Souks und Basaren von Kairouan, Casablanca oder Izmir fast eine Beleidigung für den Käufer sein, wenn der Kunde anstandslos den geforderten Preis zahlt.

Feilschen will gelernt sein

Man geht davon aus, dass nun erst einmal eine ausgiebige Verhandlung folgt, manchmal auch eine gemeinsame Tasse Tee, ein Imbiss sogar. Die Ware wird in höchsten Tönen angepriesen und wieder schlecht gemacht, Desinteresse vorgespielt. Dabei ist man aber immer darauf bedacht, den anderen nicht zu beleidigen und ihm ein Hintertürchen offen zu lassen. Es kommt auch vor, dass der Kunde geht, vom Händler mit

Den traditionellen Geschichtenerzähler gibt es auf den Basaren nicht mehr, doch der Wasserverkäufer mit seiner malerischen Tracht wirkt immer noch wie aus dem Märchen.

einem neuen Vorschlag zurückgeholt wird. Ist man sich dann schließlich nach langen Verhandlungen einig, so sind beide Seiten hochbefriedigt: Jeder hat ein gutes Geschäft gemacht und man hat sich darüber hinaus ein wenig kennen gelernt. Mancher Pauschaltourist allerdings, der zu Hause mit seinem Schnäppchen prahlt, ist in Wirklichkeit vom Verkäufer über den Tisch gezogen worden. Wie soll er auch ohne ausreichende Sprachkenntnisse mit dem Händler ein Verkaufsgespräch führen. Vermutlich weiß er nicht einmal, dass er sich nur auf dem touristischen Teil des Basars befindet. Der liegt üblicherweise am Anfang der manchmal kilometerlangen überdachten Gassen, die die orientalische Altstadt durchziehen. Dahinter reiht sich eine unendliche Anzahl von Läden, die meistens nur wohnzimmergroß und stets voll mit Menschen sind. In manchen Geschäften wird das angeboten, was wir Ramsch nennen, billige Digitaluhren, Kitschpostkarten, Schlüsselanhänger oder Kugelschreiber.

In den winkeligen Gassen der Jerusalemer Altstadt ist diese Art, die Einkäufe zu tragen, eigentlich ganz praktisch.

Der Schmied in Tunis hat sich auf die Herstellung landwirtschaftlicher Geräte spezialisiert.

Gewürze, so weit das Auge reicht, auf dem jüdischen Markt Ben Yehuda in Jerusalem.

Genuss für alle Sinne: Souks und Basare

Dann werden die Auslagen sehr farbig und riechen nach Orient: Wir befinden uns im Gewürzbasar. Händler bieten in offenen Säcken und Kisten die wunderbarsten Ingredienzen für die Küche an. Man findet getrocknete Rosenknospen, Zimtrinde, leuchtend-gelbe gemahlene Kurkuma, rotbraune Chilischoten, Paprikapulver und Muskatnüsse. Am liebsten würde man von allem etwas kaufen.

In der nächsten Gasse wird es laut. Hier haben die Schmiede und Kesselflicker ihre Buden. In einem winzigen Verschlag beugt sich ein alter Mann über einen Tisch mit einem kleinen Amboss. Mit einem Hammer klopft er rhytmisch auf einen metallenen Behälter. Es ist ein richtiger Kesselflicker, der hier seine Kundschaft findet. Daneben gibt es noch viele traditionelle Handwerker, deren Kunst in Europa längst ausgestorben ist.

Weiter geht es durch die Gassen mit Schuhgeschäften, in denen Boots aus der neuesten westlichen Kollektion neben den typischen Pantoffeln aus leichtem Leder angeboten werden. An der nächsten Ecke preisen die Stoffhändler ihr Angebot von seidenen Vorhängen, feinen Baumwollstoffen, bunten Decken und bestickten Kissenbezügen an.

Es folgt ein Mini-Restaurant mit vier Tischen, der Besitzer rührt gerade neues Hummus für die Falafel an. Das folgende Geschäft fällt schon von weitem durch seine grelle, bonbonfarbene Beleuchtung auf. Damit soll der Kunde eingestimmt werden auf das Angebot: Berge von Süßigkeiten auf gläsernen und silbernen Tabletts.

Und plötzlich kommt hektische Bewegung in die Menschenmassen hier im engen Souk: Ein Transportfahrzeug, vollbepackt mit Kartons, bahnt sich hupend seinen Weg. Es passt gerade mal durch die engen Gassen und jeder, der im Weg steht, flüchtet sich schnell in irgendeinen Laden. Ortsfremde sollten bei solchen Gelegenheiten besonders wachsam sein: Nicht wegen der möglichen Taschendiebe, die ein solches Gedränge blitzschnell nützen könnten – nein, es kann einem passieren, dass man anschließend in eine falsche Richtung weiter läuft. Die meisten Basare bestehen nämlich nicht aus einer durchgehenden Gasse von Stadttor zu Stadttor, sondern aus einem Geflecht von hunderten überdachter Durchgänge. Im günstigsten Falle kommt man am Eingangstor wieder heraus, es sollen Fremde aber auch einen halben Tag damit verbracht haben, den Ausgang zu finden.

Für Leute, die solche Abenteuer weniger schätzen, gibt es in allen größeren Städten Supermärkte nach westlichem Zuschnitt, in denen man sich an Regalen selbst bedient und an der Kasse den angezeigten Betrag zahlt – ohne zu feilschen. Mehr Spaß machen die Märkte unter freiem Himmel, die, besonders in den kleineren Städten, die Menschen mit frischen Lebensmitteln und allerhand Gebrauchsgegenständen versorgen.

Mit etwas Glück trifft man hier auf einen Bäcker, der unter freiem Himmel Teig über einen halbkugelförmigen Ofen laufen lässt und wenige Augenblicke später einen hellbraun gebackenen Brotfladen abzieht und in einen Korb legt. Immer und immer wieder. Oder man sieht zwei »Kapuzen«männer mit einem halben Dutzend Schafen am Strick, die mit drei anderen Männern stundenlang reden und gestikulieren und dabei die Tiere immer wieder am Fell zerren. Offensichtlich stehen die Vierbeiner zum Verkauf.

Später, nachdem man über die Geschicklichkeit einiger verschleierter Frauen gestaunt hat, sich aus einem riesigen Haufen von Nylonstrümpfen passende Paare auszusuchen, nachdem man die Berge von Obst und Gemüse gesehen hat, unter denen sich die Tische biegen, nachdem man die Farbenpracht von Stoffen und Wollknäueln bewundert hat, nachdem man sich beim Töpfer für wenig Geld mit einem kunstvollen Teeservice eingedeckt hat und nachdem man sich an einer Garküche ein heißes, fetttriefendes Backwerk in den Mund geschoben hat ... später schaut man wieder bei diesem seltsamen Jungen vorbei, der vorhin Glasscherben produzierte und barfuß herumtanzte, ohne dass ihn jemand beachtete. Diesmal steht eine große Menschenmenge im Kreis herum und johlt, und wenn man sich auf die Zehen stellt und den Kopf verrenkt, kann man den Jungen wieder tanzen sehen, immer noch barfuß, doch jetzt mitten auf einem großen Scherbenhaufen.

Auf die Vorliebe seiner Kundinnen für starke Farben hat sich der Wollhändler auf dem Markt von El Fahs in Tunesien mit seinem Angebot eingestellt.

Die großen Basare des Orients

Basare und Souks gibt es in jedem Ort. Einige besonders beeindruckende stellen wir Ihnen hier kurz vor. Die Orte finden Sie auf der Karte Seite 7.

Aleppo/Syrien
Die insgesamt 12 km langen durchgehend überdachten Souks bilden den größten Basar der Welt.

Damaskus/Syrien
Damaskus ist immer noch ein Zentrum erlesenen Kunsthandwerks, berühmt durch seine Schwertschmiedekunst.

Fes/Marokko
Eine 40 km lange, komplett mit allen Toren erhaltene Stadtmauer umschließt die Altstadt. Die gut erhaltene Bausubstanz und die Atmosphäre vermitteln ein fast authentisches Bild vom orientalischen Mittelalter.

Isfahan/Iran
In den 5 km langen überdachten Ladengassen kann man noch Brokatweber, Stoffdrucker und Samowar-Macher finden.

Istanbul/Türkei
Der große Basar Kapali Carsi – der gedeckte Markt – umfasst rund 40 Hektar und über 4.000 Läden. Berühmt ist der Ägyptische Basar Misir Carsisi mit seinen Kräutern und Gewürzen.

Kairo/Ägypten
Im großen Basar Khan Al-Khalili und den vielen kleine Souks in seiner Umgebung kam man Kaligraphen bei der Arbeit zusehen, immer noch exquisite Parfüms kaufen und sogar einem Fußbügler bei der Arbeit zusehen.

Kairouan/Tunesien
Der rund 300 Jahre alte Suq ar-Rab ist vollständig überdacht. Seine Tonnengewölbe erinnern an den Großen Basar von Istanbul.

Marrakesch/Marokko
Der große Platz Dschemma el-Fna am Eingang zum Basar ist die größte Attraktion Marrakeschs. Dort kann man Schlangenbeschwörer, Gaukler und Geschichtenerzähler erleben.

Schiras/Iran
Der Basar-e-Ordu gilt mit seinen ausgewogenen Proportionen als der schönste im Iran. Er war früher so prachtvoll, dass die Stadt dort hohe Gäste empfing.

Tunis/Tunesien
Typisch sind die weiß getünchten Gewölbe und Arkaden. In den letzten 30 Jahren wurde viel in der Altstadt restauriert. Ein Bummel lohnt sich.

Stundenlang wird geprüft, gefeilscht und Tee getrunken, bis der Besitzer der Schafe vor den Stadtmauern von Kairouan/Tunesien die Tiere an den Mann gebracht hat.

Die marokkanische Wüstenstadt Tiznit ist berühmt für ihre Silber- und Messingschmiedearbeiten. Hier die Auslagen eines Händlers.

Bazarstraße in Luxor/Ägypten. Neben gewebten Wollteppichen und Wasserpfeifen für Touristen findet man alle nur denkbaren Haushaltsgegenstände.

Möbeltransport durch eine der Geschäftsstraßen von Minje/Ägypten.

Folgende Doppelseite: Straßenszene in El Hamma/Tunesien.

Gastfreundschaft hat eine lange Tradition, und das nicht nur aus religiösen, sondern auch aus ganz praktischen Gründen. In unwegsamen Gegenden einem erschöpften Reisenden die Tür zu weisen, könnte seinen Leib und sein Leben gefährden.

Orientalische

Gastfreundschaft

Alltag *und Feste*

Hauseingang in Taroudannt/Marokko.

Es gibt im Orient viele Sitten und Gebräuche, die sich von Land zu Land, von Region zu Region stark unterscheiden. Ein gemeinsamer Nenner ist die Gastfreundschaft, die auch heute noch ganz selbstverständlich gepflegt wird. Sie ist eine alte Tradition und die Schriften des Propheten und seiner Nachfolger sind voll von z.T. akribischen Anweisungen, wie man einen Gast zu behandeln hat. Das ging so weit, dass es als heilige Pflicht eines jeden Gläubigen galt, stets beste Speisen vorrätig zu halten: Es könnte ja sein, dass ein Bruder plötzlich vor der Türe steht und Einlass begehrt.

Auch über Tischsitten und Essmanieren ist ausführlich expliziert worden. So war es selbstverständlich, dass der Hausherr seinem Gast stets die besten Stücke reichte, ja ihn damit sogar fütterte. Solche Zeiten sind auch im Orient heute vorbei und die strengen Vorschriften werden höchstens noch in Nomadenzelten oder saudiarabischen Königshäusern befolgt. Ein wenig davon jedoch existiert noch im modernen Alltag und zumindest der Geist von damals ist erhalten geblieben. Die Wünsche des Gastes oder das, was der Gastgeber dafür hält, genießen auch heute noch absolute Priorität in den orientalischen Ländern.

Als Fremder zu Gast

Der nichts ahnende Mitteleuropäer kann daher ganz schön in Bedrängnis kommen, wenn er sich von einem Araber in dessen Haus einladen lässt in der Vorstellung, der andere wolle ihm nur kurz seine Wohnung zeigen. Das kann dann leicht einen ganzen Abend in Anspruch nehmen, ist es doch für den Einheimischen üblich, jeden Fremden, der die Schwelle seines Hauses überschreitet, auch ausgiebig zu bewirten. Eine Ablehnung wäre eine Beleidigung.

Drinnen sollte sich der an lockeren Umgang gewöhnte Abendländer ein wenig zurücknehmen. Er mag der Meinung sein, seinen Gastgeber mit einem Lob von schönen Gegenständen im Haus zu erfreuen. Damit kann er jedoch Ungeahntes auslösen. Das gut gemeinte Kompliment könnte als Begehrlichkeit interpretiert werden, und bevor etwa Neidgefühle aufkommen, packt der Gastgeber das wertvolle Kaffeeservice lieber ein und überreicht es seinem Gast als Geschenk. Ein Zurück ist dann kaum noch möglich.

Manchmal sitzt die Ehefrau beim Gastmahl nicht mit am Tisch, sondern isst später. In diesem Fall sollte man nicht mit Forderungen nach weiblicher Emanzipation brillieren – es wäre in dieser Situation nicht angebracht.

Mit dem Wort »Bismillah« (im Namen Allahs) eröffnet der gläubige Hausherr das Gastmahl, alle anderen antworten ebenso. Sicher wird auch ein traditionsbewusster Gastgeber manches Auge zudrücken, sollte sein deutscher Gast nicht alle Regeln beherrschen. Doch genau wie einige arabische Redewendungen – auswendig gelernt und vorgetragen – für angenehme Überraschung sorgen, kommt auch die Kenntnis der Tischmanieren immer gut an. So ist die Schale mit dem orangen- und rosenparfümierten Wasser zum Händewaschen gedacht. In einigen Ländern speist man schließlich mit der Hand. Gibt es kein Besteck, ist es wichtig zu wissen, dass ausschließlich die rechte Hand zum Essen genommen wird. Die Linke gilt als unrein. Auch werden dazu nicht alle Finger benutzt, sondern nur Daumen, Zeige- und Mittelfinger.

Es heißt, wenn zwei Hände gleichzeitig nach dem Brot greifen, so droht ein Unglück. Deswegen sollte man geduldig warten, bis der Brotkorb gereicht wird. Ausdrücklich erlaubt ist es, das Brot in die Sauce zu tunken, auch damit Fleischstücke zu greifen. Übrigens sollte man sich nur aus den umliegenden Schüsseln bedienen, möglicherweise sind die weiter entfernten für einen anderen Gang gedacht.

Wenn Sie beim Essen eine längere Pause machen, kann es passieren, dass der Gastgeber die Tafel

Ein Festzelt wird in einer der vielen Gassen Kairos aufgestellt.

Teetrinken ist ein Ritual, dessen Bedeutung auch im kunstvollen Geschirr zum Ausdruck kommt.

Diese fünf Frauen in El Hamma/Tunesien befinden sich auf dem Weg zu einem Fest.

Das üppig verzierte Eingangstor ist das einzig sichtbare Zeichen für Wohlstand und Reichtum. Hauseingang in Sidi Bou Said, der tunesischen Stadt der Maler nahe Tunis.

Wasserpfeifen stehen auch für Gäste bereit.

Im Innenhof eines Privathauses in Agadir.

Bunte Kissen in einer Nische im exclusiven Restaurant Dar El Jeld in Tunis.

Hauseingänge, Simse und Zierleisten sind häufig mit dekorativen Kacheln verkleidet.

Zu Gast bei der Familie Taih. Auf den Tischen sind "Mezze", die berühmten Vorspeisen serviert. Danach gibt es duftenden Reis mit Datteln.

Der Felsendom zu Jerusalem, nach dem Glauben der Ort, an dem der Prophet in den Himmel aufgefahren ist. An diesem geschichtsträchtigen Ort treffen gleich drei Religionen aufeinander: Unmittelbar im Hintergrund die Kuppel der christlichen Grabeskirche und nur wenige Schritte weiter ist die jüdische Klagemauer.

Die Malerei auf der Hauswand in Luxor/Ägypten erzählt die Geschichte der Pilgerfahrt der Bewohner nach Mekka.

aufhebt. Dann haben Sie ihm nämlich signalisiert, dass Sie mit dem Essen fertig sind und damit ist für die anderen auch das Mahl beendet. Sollten Sie schon satt sein und sehen die anderen noch essen, dann tun Sie einfach so, als würden Sie ebenfalls weitermachen. So lange, bis Sie das Gefühl haben, dass alle fertig sind.

Ramadan – religiöse Askese und Festesfreude

Wenn Ihr ägyptischer Freund während der Abenddämmerung plötzlich sein Handy aus der Tasche zieht und es ungewohnte Kanonengeräusche sendet, dann befinden Sie sich im Fastenmonat Ramadan. Ihr Begleiter wurde per SMS an den Zeitpunkt des täglichen Fastenbrechens erinnert, der Service einer privaten Telefongesellschaft für Muslime im digitalen Zeitalter. Normalerweise hört man die Böllerschüsse live oder schaut auf die beiden Fäden, den weißen und den schwarzen: Wenn es so dunkel ist, dass sie nicht mehr zu unterscheiden sind, dann hat man für den Tag genug gehungert, gedürstet und sonstige weltliche Freuden entbehrt. Man kann zum festlichen Teil übergehen: Die Straßen sind hell erleuchtet und die Restaurants bis in die frühen Morgenstunden geöffnet. Wer kein Geld hat, findet am *maidal al-rahman*, dem Tisch des Barmherzigen, eine gute Gratismahlzeit. Die edlen Spender sind die Bewohner und Geschäftsleute des Viertels – schließlich schreibt der Koran vor, Bedürftige zu unterstützen. Am nächsten Tag ist wieder Enthaltsamkeit angesagt, um sich abends erneut in den Trubel zu stürzen, einen ganzen langen Monat lang. Der Ramadan dauert von Neumond zu Neumond.

Danach wird noch einmal drei Tage lang das *aid al-fitr* gefeiert, das Fest der Aufhebung. Es ist das Fest der Geschenke, unserem Weihnachten vergleichbar. Die Kinder bekommen neue Kleider und Spielsachen und können den ganzen Tag herumtoben und Süßigkeiten naschen. Die Nachbarin wird mit einem selbst gebackenen Kuchen bedacht und an besondere Freunde verschenkt man sogar Geld: Die Banknote sollte allerdings funkelnagelneu und mit einer persönlichen Widmung verziert sein.

77 Tage später gibt es für den Moslem wieder etwas zu feiern: Es ist das Fest des *aid al-kebir*, das Opferfest, und erinnert an die alttestamentarische Geschichte von der Opferung Isaaks durch seinen Vater Abraham. Das bestandene Examen von Abraham feiert der Islam, indem man nach strengen Vorgaben ein Lamm schlachtet und daraus ein Festmahl bereitet.

Jüdische Traditionen

Ähnlichkeiten mit dem jüdischen Passahfest, das an den Auszug aus Ägypten erinnern soll, sind unübersehbar. Die jüdische Festtafel zeichnet sich dabei durch ein Verbot von allem Sauren aus – und sei es nur gesäuertes Brot. Zusätzlich müssen die ohnehin üblichen Anweisungen für koscheres Kochen beachtet werden: z.B. keine Speisen zu kombinieren, die milchigen und fleischigen Ursprungs sind und auf Schweinefleisch und Schalentiere ganz zu verzichten.

Mehr Variationen in der Küche sind am jüdischen Neujahrsfest, dem *Rosh Hashana*, möglich. Auf dem Speiseplan stehen dann *Chalobsches*, in Honig geschmorte Kohlrouladen, oder das aufwändig hergestellte gefüllte Huhn (Rezept Seite 100).

Auch bei den Muslimen ist das Neujahrsfest ein Anlass zu Fest und Freude. Mit dem *achura* feiert man den ersten Tag des neuen Mondjahres, das 12 Tage weniger hat als unser Sonnenjahr. Hierbei gibt es vielerlei Vorschriften, die von manchen Traditionsbewussten noch befolgt werden: So darf die Frau keinen Besen zur Hand nehmen, sie würde sonst die guten Geister vertreiben und den bösen Einlass gewähren. In manchen Gegenden sammeln Kinder im ganzen Dorf Eier. Jeder gibt fünf, doch wo im letzten Jahr ein Junge zur Welt kam, werden ganze 29 Eier fällig. Zur Freude der Kinder, die ihre Ausbeute hinterher unter sich aufteilen dürfen.

Ramadansuppe
Eine Suppe, die einen Moslem trotz ganztägigem Fasten bei Kräften hält, ist auch für andere Gelegenheiten zu empfehlen (Rezept Seite 223).

Möhren erfreuen alle Sinne. Zusammen mit Orangen und süß-sauer zubereitet sind sie wie Blumenschmuck auf dem orientalischen Büfett.

Der scharfe Möhrensalat *wird Möhrenfans begeistern: 1 gehackte Zwiebel in 6 EL Öl anbraten, 5 gehackte Knoblauchzehen und 700 g Möhrenscheiben kurz mitbraten. 100 ml Wasser und 3–4 EL Zitronensaft dazugeben und die Möhren zugedeckt etwa 10 Min. garen. Mit 1 entkernten, klein geschnittenen Chilischote, 2 TL Paprikapulver, Salz, Zucker und je 2 EL gehackter Petersilie und Basilikum würzen.*

Möhren-Orangen-Salat

Zubereitungszeit: 25 Min.
Pro Portion ca.: 190 kcal

Zutaten für 4 Personen:
2 unbehandelte Orangen
500 g Möhren, 3 Schalotten
1 Knoblauchzehe
1 EL Zucker
3 EL Weißweinessig
1/2 TL Kurkuma
5 EL Olivenöl oder Nussöl
Salz, weißer Pfeffer

1 Orange heiß abwaschen, abtrocknen und mit einem scharfen Messer etwas Schale abschneiden. Für die Deko in feine Streifen teilen.

Die Orangen sorgfältig schälen. Das Fruchtfleisch in kleine Würfel schneiden, den Saft dabei auffangen. Orangen mit dem Saft in eine Schüssel füllen.

Die Möhren schälen und schräg in feine Scheiben schneiden. In kochendem Salzwasser wenige Min. blanchieren. Sie sollten noch Biss haben.

Die Schalotten schälen und sehr fein hacken. Den Knoblauch schälen und pressen.

Alle Zutaten in der Schüssel mit Zucker, Essig, Kurkuma und Olivenöl gut mischen. Mit Salz und Pfeffer nachwürzen. Auf einer Platte anrichten und mit den Schalenstreifen dekorieren.

Variante
Möhrengemüse mit Berberitzen

2 EL getrocknete Berberitzenbeeren in einer Pfanne in 1 EL Öl erhitzen, bis sie prall sind. 1 EL Zucker unterrühren, 300–400 g Möhrenscheiben und 100 ml Wasser dazugeben. Etwa 10 Min. köcheln lassen, mit Salz und Pfeffer abschmecken.

Orangensalat

Zubereitungszeit: 20 Min.
Pro Portion ca.: 120 kcal

Zutaten für 4 Personen:
4 Orangen
1 Granatapfel
50 g ungesalzene Pistazienkerne
3 EL Apfelessig
1 EL brauner Zucker

Die Orangen schälen, dabei auch alle weiße Haut abschaben. Das Fruchtfleisch quer in etwa 5 mm dicke Scheiben schneiden. Den inneren weißen Strunk vorsichtig aus den Scheiben schneiden. Dabei den Saft auffangen.

Den Granatapfel halbieren und die Kerne sorgfältig aus der Schale lösen, die weißen Häute dabei entfernen. Die Pistazien grob hacken.

Essig, Zucker und Orangensaft gründlich mischen, bis der Zucker sich aufgelöst hat. Die Orangenscheiben auf einer Platte anrichten, die Granatapfelkerne und Pistazien darüber streuen und mit dem Dressing begießen.

Variante
Tunesischer Zitrus-Salat

1 kleine Zitrone schälen und in sehr dünne Scheiben schneiden. Kerne entfernen. 4 große Orangen ebenfalls schälen und in Scheiben schneiden. 1 rote Zwiebel schälen, in Scheiben schneiden und diese in Ringe teilen. 100 g schwarze Oliven ohne Kerne grob zerkleinern. Alles in eine Schüssel geben und mit einer Marinade aus 5 EL Olivenöl, 1 TL Paprikapulver, 1 TL Kreuzkümmel, 1/4 TL Zimtpulver und 1 TL Zucker mischen. Mit Salz und Pfeffer abschmecken.

Gelber Reis mit Pinienkernen

Zubereitungszeit: 40 Min.
Pro Portion ca.: 410 kcal

Zutaten für 4 Personen:
300 g Langkornreis
1 TL Kurkuma
40 g Rosinen
1 Granatapfel
30 g Pistazienkerne
1 Limette, Salz, Pfeffer
1 TL Rosenwasser
1 TL Zucker
30 g Pinienkerne

Den Reis mit 450 ml Wasser in einen Topf geben. Kurkuma darin auflösen und zugedeckt köcheln lassen, bis der Reis alles Wasser aufgesogen hat.

Inzwischen die Rosinen in lauwarmem Wasser 20 Min. einweichen. Den Granatapfel halbieren und die Kerne sorgfältig aus der Schale lösen. Die Pistazienkerne hacken. Die Limette auspressen.

Den Reis leicht salzen und pfeffern. Rosenwasser, Zucker und Limettensaft vermischen und zusammen mit den Granatapfelkernen, Pistazien, Rosinen und Pinienkernen unter den Reis mischen. Auf einer Schale anrichten.

Variante
Gelber Reis mit Mandeln und Datteln

300 g Langkornreis wie oben beschrieben ausquellen lassen. 60 g Butter in einer Pfanne erhitzen. 50 g geschälte, halbierte Mandeln darin goldbraun braten. 10 frische Datteln ohne Kern (grob zerkleinert) und 50 g Rosinen zu den Mandeln geben und unter Rühren einige Minuten braten. Vom Herd nehmen und 1 TL Rosenwasser untermischen. Den Reis salzen und mit der Dattelmischung auf einer Platte anrichten.

Reissalat

Zubereitungszeit: 10 Min.
Garzeit: 20 Min.
Marinierzeit: 20 Min.
Pro Portion ca.: 400 kcal

Zutaten für 4 Personen:
300 g Langkornreis
1 rote Paprikaschote
1 gelbe Paprikaschote
5 EL Olivenöl
3 EL Estragonessig
1 TL Pul Biber
Salz, Pfeffer
1 EL geschälte grüne Kürbiskerne

Den Reis mit 450 ml Wasser in einen Topf geben und zugedeckt köcheln lassen, bis der Reis alles Wasser aufgesogen hat.

Inzwischen die Paprikaschoten waschen, putzen und in sehr dünne Streifen schneiden. Öl, Essig und Pul Biber zu einer Vinaigrette verarbeiten. Salzen und pfeffern. Kürbiskerne, Paprikastreifen und die Vinaigrette unter den Reis mischen und 20 Min. ziehen lassen. Nach Belieben noch einmal mit Salz, Pfeffer und Essig abschmecken.

Variante: Dillreis

300 g Langkornreis mit 450 ml Salzwasser zum Kochen bringen. 1 Bund gehackten Dill einrühren. Den Reis bei niedriger Temperatur ausquellen lassen. Vor dem Servieren Butterstückchen auf dem Reis schmelzen lassen.

Er ist im Iran eine unentbehrliche Beilage zu Fisch und zu Fleischgerichten.

Reissalat mit knackiger Paprika, eine erfrischende Beilage zu Gegrilltem.

Reis wird auch in Ägypten angebaut. Das Land produziert jährlich 5 Millionen Tonnen Glabberima-Reis, eine genügsame Sorte, die mit wenig Wasser auskommt.

Chelo *heißt das klassische Reisgericht im Iran. Der Reis wird vorgekocht und dann fertig gedämpft. Besonders geschätzt wird die Kruste, »tahig«, die sich dabei am Topfboden bilden kann. Sie wird besonders schön, wenn man Butter im Topf zerlässt und den Reis darauf dämpft. Oder etwas Reis mit Ei und Joghurt mischt, in den Topf gibt und den Reis darauf dämpft.*

Safranreis mit Hackfleisch

Zubereitungszeit: 30 Min.
Pro Portion ca.: 520 kcal

Zutaten für 4 Personen:
2 TL gekörnte Brühe
1 TL brauner Zucker
2 Prisen Safran
2 EL Rosenwasser
300 g Langkornreis
100 g Mandeln
2 EL Butter
1 rote Zwiebel
200 g Lammhackfleisch
2 TL Baharat
2 EL Rosinen
Salz

450 ml Wasser zum Kochen bringen, die gekörnte Brühe darin auflösen. Zucker, Safran und Rosenwasser hineingeben und gründlich umrühren. Den Reis dazugeben und etwa 25 Min. köcheln lassen, bis der Reis gar ist.

Inzwischen die Mandeln in kochendem Wasser blanchieren und aus der Haut drücken. In einer Pfanne die Butter erhitzen und die Mandeln darin anrösten, dann herausnehmen. Die Zwiebel schälen, fein hacken und in der Pfanne anbraten. Hackfleisch, 1–2 TL Baharat und Rosinen dazugeben, gut durchmischen und das Fleisch bei mittlerer Hitze unter Rühren garen. Eventuell salzen.

Den Reis auf einem Teller anrichten, in der Mitte eine Mulde bilden und die Fleischmischung hineinsetzen. Mit den Mandeln und einer Blüte dekorieren.

Olivenreis

Einweichzeit: 1 Std.
Zubereitungszeit: 15 Min.
Garzeit: 1 Std.
Pro Portion ca.: 495 kcal

Zutaten für 4 Personen:
80 g getrocknete Tomaten
100 g große grüne Oliven
1 Zwiebel
2 EL Öl
300 g Langkornreis
Salz
Pfeffer
80 g Butter
1 TL Paprikapulver, edelsüß
2 Stängel glatte Petersilie

Die Tomaten in warmem Wasser etwa 1 Std. einweichen. Die Oliven halbieren und entsteinen, eine Hand voll für die Deko beiseite legen.

Den Backofen auf 150° vorheizen. Die Tomaten in Streifen schneiden. Die Zwiebel schälen und fein hacken. In einer feuerfesten Form das Öl erhitzen und die Zwiebel darin glasig dünsten. Oliven, Reis und Tomatenstücke hineingeben und mit 450 ml Wasser auffüllen. Salzen, pfeffern, verrühren und kurz aufkochen lassen. Den Reis vom Herd nehmen und mit einem Deckel verschließen.

Den Reis im Backofen (Mitte, Umluft 130°) 30–60 Min. garen. Die Butter in Flocken noch im Topf untermischen. Die restlichen Oliven mit der Schnittseite nach oben in eine runde Schale setzen und das Reisgericht darauf geben. Zum Servieren auf eine vorgewärmte Platte stürzen und mit Paprikapulver und Petersilie dekorieren.

Markt in Nabeul/Tunesien. Trotz Internet und Satellitenfernsehen schwört man noch auf traditionelle Transportmittel. Der Esel trägt nicht nur den Marktstand, sondern auch noch seinen Besitzer.

Gegrillte Gemüse *ohne Dips sind wie Früstückseier ohne Salz. Wenn dann noch diese Saucen mit so typisch orientalischen Zutaten wie Minze, Koriander und Joghurt zubereitet sind, werden simple Auberginen, Paprikaschoten und Tomaten zu wahren Delikatessen.*

Gemüse gegrillt, gebacken, gebraten

Für die Zubereitung der Gemüse gibt es verschiedene Möglichkeiten:

Grillen:
Das Gemüse putzen und in Scheiben schneiden, mit Öl bepinseln und auf den Rost unter den vorgeheizten Grill schieben. Etwa 10 Minuten grillen, dabei einmal wenden.

Backen:
Ofen auf 200° vorheizen. Den Rost in die mittlere Schiene setzen, darunter ein Backblech oder eine Fettpfanne. Gemüse mit Öl einpinseln, auf den Rost legen, 1 Tasse Wasser in die Fettpfanne gießen. Das Gemüse 8–10 Min. backen. Bei beiden Methoden muss man das Gemüse im Auge behalten, die Haut darf nicht verbrennen.

Braten:
Olivenöl in der Pfanne erhitzen und die Gemüse darin bei schwacher bis mittlerer Hitze von beiden Seiten braten. Geringere Hitze erfordert mehr Zeit, dafür braucht man nicht so viel Öl.

Gegrillte Paprika
Je 3 rote und gelbe Paprikaschoten putzen, halbieren und etwa 10 Min. grillen oder im Backofen braten. Salzen und pfeffern, den Walnussdip dazu reichen.

Gebratene Spitzpaprika
Die Stielansätze von 500 g milden Spitzpaprika abschneiden, Paprika ganz lassen. Olivenöl in einer großen Pfanne erhitzen, Paprika anbraten. Mit Meersalz würzen. Etwas Brühe angießen. Bei geschlossenem Deckel nicht zu weich garen. Mit Joghurt-Feta-Dip oder Schafkäse, grobem Pfeffer und Oregano servieren.

Gegrillte Auberginen im Joghurt-Feta-Dip passen gut auf ein Büfett.

Joghurt-Feta-Dip

Zubereitungszeit: 5 Min.
Pro Portion ca.: 125 kcal

Zutaten für 4 Personen:
50 g Fetakäse
600 g Joghurt
1 Limette
Salz
1 Zweig Koriandergrün

Den Feta mit einer Gabel fein zerbröckeln und mit dem Joghurt verquirlen. Die Limette heiß waschen, abtrocknen, halbieren und 1 Scheibe abschneiden. Den Saft auspressen und mit Salz unter den Joghurt rühren.

Den Joghurtdip mit den gegrillten Auberginen, der Limettenscheibe und dem Korianderzweig anrichten.

Walnuss-Joghurt-Dip

Zubereitungszeit: 10 Min.
Pro Portion ca.: 425 kcal

Zutaten für 4 Personen:
200 g Walnusskerne
1 Limette
2 TL Salz
600 g Joghurt
1 Bund frische Minze

Die Nüsse grob hacken. Die Limette auspressen, den Saft und das Salz in den Joghurt einrühren. Die Minze waschen, trockentupfen und die Blättchen fein hacken. Den Joghurt auf einen Teller geben und die gegrillten Paprikaschoten darauf setzen. Mit den Nüssen und der gehackten Minze bestreut servieren.

Gegrillte Auberginen
2 größere Auberginen in Scheiben schneiden. Salzen, pfeffern und mit Öl bestreichen. Im vorgeheizten Grill 10 Min. grillen, dabei wenden. Lauwarm mit Dips reichen.

Auberginen mit Granatapfelsirup
Die gegrillten Auberginenscheiben auf eine Platte anrichten. 2–3 EL Granatapfelextrakt mit 3 EL Wasser verrühren. Auf die Auberginen träufeln.
3 grob gehackte Knoblauchzehen in Olivenöl hellbraun braten, salzen, mit gehackter Petersilie auf den Auberginen verteilen.

Auberginen in Nordafrika sind kleiner und heller als hierzulande.

Scharfe würzige Kartoffeln

Zubereitungszeit: 30 Min.
Pro Portion ca.: 180 kcal

Zutaten für 4 Personen:
500 g neue Kartoffeln
4 EL Olivenöl
3 Knoblauchzehen
je 1 rote, grüne und gelbe Chilischote (Menge nach Geschmack)
1 TL gemahlener Kreuzkümmel
1 Prise Cayennepfeffer
4 EL Zitronensaft
Salz

Die Kartoffeln schälen und in große Würfel schneiden. In einer großen Pfanne das Olivenöl erhitzen und die Kartoffeln darin bei mittlerer Hitze goldbraun braten. Dabei immer wieder wenden.

Die Hitze reduzieren. Den Knoblauch schälen und pressen. Die Chilis entkernen, hacken und mit dem Knoblauch und dem Kreuzkümmel unter die Kartoffeln rühren. Einige Min. weiterbraten. Mit Cayennepfeffer würzen. Den Zitronensaft über die Kartoffeln gießen und salzen.

Dieses Gericht heißt »Batata Harara«. Es passt gut zu gegrilltem oder gebratenem Fleisch und Gemüse und kann ganz unterschiedlich gewürzt werden, z.B. mit Kümmel oder Oregano.

Rettichsalat

Zubereitungszeit: 30 Min.
Pro Portion ca.: 50 kcal

Zutaten für 4 Personen:
1 Rettich
Salz
2 Limetten
4 Stängel großblättrige Petersilie
2 TL Fenchelsamen
2 EL Olivenöl
Pfeffer

Den Rettich schälen und in feine Scheiben hobeln. In eine Schüssel geben und salzen.

Nach 10 Min. die entstandene Flüssigkeit abgießen. 1 Limette auspressen. Die Petersilie waschen, trockentupfen und die Blättchen fein hacken. Fenchelsamen, Olivenöl, den Limettensaft und die Petersilie gründlich unter den Rettich mischen und 10 Min. ziehen lassen.

Den Rettichsalat mit Pfeffer würzen, in einen großen, tiefen Teller geben und mit der zweiten Limette dekorieren.

TIPP

Dass Rettich den Körper kräftigt, war bereits den alten Ägyptern bekannt. Er war – neben Zwiebel und Knoblauch – Hauptbestandteil der Ernährung von Tausenden von Fronarbeitern beim Bau der Cheopspyramide.

Vitaminreicher Rettich, Fenchel, Olivenöl und Petersilie sind in diesem Gericht aus Armenien kombiniert.

Blumenkohl trägt seinen Namen eigentlich zu Unrecht: Normalerweise kommt er alles andere als farbenprächtig daher. Dass es auch anders geht, zeigen diese beiden Rezepte.

Blumenkohl *mit verschiedenen Saucen:*

Eine Zitronensauce aus 4 EL Olivenöl, 1 TL rosenscharfem Paprikapulver und 5-8 EL Zitronensaft zubereiten. Gegarte Blumenkohlröschen darin 30 Min. ziehen lassen.

Für eine Tahinasauce 2 EL Tahinapaste, 4 EL Zitronensaft, 1 zerdrückte Knoblauchzehe und Salz glatt rühren, 1 EL gehackte Petersilie unterrühren. Falls die Sauce durch das Tahina zu bitter wird, noch ein bisschen Joghurt dazugeben.

Gelber Blumenkohlsalat

Zubereitungszeit: 25 Min. + Abkühlzeit
Pro Portion ca.: 235 kcal

Zutaten für 4 Personen:
Salz
1 Blumenkohl
1 TL Kurkuma
1 Apfel
1 Bund Koriandergrün
4 EL geschälte Sonnenblumenkerne
6 EL Olivenöl
4 EL Zitronensaft
Pfeffer

In einem passenden Topf Wasser mit etwas Salz aufkochen lassen. Den Blumenkohl waschen. Die Kurkuma ins heiße Wasser rühren und den Blumenkohl darin bissfest kochen. Mit kaltem Wasser abschrecken und erkalten lassen.

Den gelben Blumenkohl in Röschen zerpflücken und auf einen Teller geben. Den Apfel waschen und in schmale Scheiben schneiden. Den Koriander waschen, trockentupfen und die Blättchen grob hacken. Apfelstücke, Sonnenblumenkerne und Koriander mit Öl und Zitronensaft gut mischen. Mit Salz und Pfeffer abschmecken. Die Mischung über den Blumenkohl geben und 10 Min. ziehen lassen.

Blumenkohlsalat mit Roter Bete

Zubereitungszeit: 45 Min.
Kochzeit: 5 Min.
Pro Portion ca.: 240 kcal

Zutaten für 4 Personen:
1 Blumenkohl
1/2 l Rote-Bete-Saft
Salz
1 kleines Glas eingelegte ganze
Rote Beten (300 g)
30 g Mandeln
4 Zweige frische Minze
4 EL Apfelessig
6 EL Olivenöl
Pfeffer

In einem passenden Topf den Rote-Bete-Saft mit etwas Salz zum Kochen bringen. Blumenkohl waschen, in Röschen teilen und darin bissfest kochen. Abschrecken und erkalten lassen.

Die Mandeln blanchieren und aus den Schalen drücken. Die Minze waschen und die Blätter grob hacken. Essig, Öl, Salz und Pfeffer zu einer Vinaigrette verrühren. Mandeln und gehackte Minze untermischen.

Den Blumenkohl mit den Roten Beten auf einen Teller geben. Die Roten Beten eventuell noch halbieren. Mit der Mischung übergießen und 10 Min. ziehen lassen.

Chermoula

ist eine Würzpaste, die in Marokko viel verwendet wird. Die Kombination der Gewürze kann je nach Verwendung variieren. Manchmal gibt man auch Essig dazu. Die Chermoula wird für warme und kalte Gerichte verwendet. Gerne würzt man damit Fisch: Ganze Fische können Sie mit Chermoula füllen, Fischstücke mit der Paste bestreichen. Auch als Würze für Lamm oder Huhn passt sie gut. Und schließlich kann man sie auch einfach als Sauce reichen.

Chermoula Grundrezepte

Zubereitungszeit: 10 Min.
Pro Portion ca.: 140 kcal

Zutaten für 4 Personen:
1 Zwiebel
3 Knoblauchzehen
1/2 TL Paprikapulver, rosenscharf
1/2 TL gemahlener Kreuzkümmel
1/4 TL Kurkuma
4 EL Zitronensaft
Pfeffer
Salz
6 EL Olivenöl

Die Zwiebel schälen, in feine Würfel schneiden und in eine Schüssel geben. Den Knoblauch schälen und dazu pressen.

Paprikapulver, Kreuzkümmel und Kurkuma dazugeben. Den Zitronensaft dazu gießen. Salzen, pfeffern und das Olivenöl darüber gießen. Alles gut mischen.

Varianten

➤ Paprikapulver weglassen. 1 grüne Chilischote putzen, klein hacken und unterrühren. Statt 1/4 TL 1 ganzen TL Kurkuma dazugeben.
➤ Zusätzlich 1 Bund fein gehacktes Koriandergrün und etwas Petersilie unterrühren.
➤ Oder geben Sie die fein gehackte Schale von 1 eingelegten Salzzitrone (Rezept Seite 131) dazu.
➤ Noch interessanter wird die Mischung durch 1 Prise Safran oder Cayennepfeffer oder Koriandersamen.

Zucchini mit Chermoula können noch mit Paprika bestreut werden.

Zucchini mit Chermoula

Zubereitungszeit: 30 Min.
Pro Portion ca.: 200 kcal

Zutaten für 4 Personen:
500 g Zucchini
2 Grundrezepte Chermoula
2 EL Zitronensaft

Den Backofen auf 160° vorheizen. Ein Backblech mit Alufolie auslegen. Die Zucchini waschen, putzen und längs in etwa 4 mm dünne Scheiben schneiden.

Die Zucchini auf das Backblech verteilen. Die Chermoula auf den Zucchini verteilen. 4 EL Wasser zwischen den Scheiben verteilen und die Zucchini im Backofen (Mitte, Umluft 140°) 10–15 Min. backen.

Auf einer Platte die Zucchinischeiben anrichten und mit Zitronensaft beträufeln. Die Zucchini schmecken warm und kalt.

TIPP

Am besten können Sie die Zucchini mit der Brotschneidemaschine in gleichmäßig dünne Scheiben schneiden. (Vorsicht mit den Fingern!)

Möhrensalat mit Chermoula

Zubereitungszeit: 50 Min.
Pro Portion ca.: 200 kcal

Zutaten für 4 Personen:
500 g Möhren
Salz
1 Grundrezept Chermoula

Die Möhren putzen, in Salzwasser 20 Min. garen. Dann abgießen und die Möhren in Scheiben schneiden.

Chermoula in einem Topf mit 4 EL kaltem Wasser verrühren, aufkochen lassen und die Möhren dazugeben. Bei schwacher Hitze ohne Deckel kochen lassen, bis die Flüssigkeit verdampft ist.

Variante
Kartoffeln in Chermoula

Kartoffel, roh in Stücke geschnitten, können Sie direkt in der Chermoula-Mischung garen. Eventuell noch einmal Flüssigkeit nachgießen.

Zwiebeln und Knoblauch, Paprikapulver, Kreuzkümmel und Kurkuma sind die Grundzutaten für Chermoula.

Mandeln werden meist für Süßspeisen oder Füllungen verwendet. In der Mandelsuppe, die links abgebildet ist, gehen sie eine interessante Verbindung mit Knoblauch ein.

Linsen *zählen zu den ältesten Kulturpflanzen überhaupt. Sie wurden bereits vor 10000 Jahren in Ägypten und Vorderasien angebaut. So verkaufte Esau laut dem Alten Testament sein Erstgeburtsrecht für ein Linsengericht und Brot. Man sagt, daraus sei das bekannte »Mujudarra« entstanden, ein arabisches Gericht aus braunen Linsen und Reis, der vorher mit Zwiebeln, Kreuzkümmel, Koriander und Olivenöl gekocht wurde. Dazu werden Joghurt und gebratene Zwiebeln gereicht.*

Mandelsuppe

Zubereitungszeit: 35 Min.
Pro Portion ca.: 425 kcal

Zutaten für 4 Personen:
150 g Mandelblättchen
2 Zwiebeln
2 Knoblauchzehen
2 EL Öl
50 ml Weißwein
3/4 l Hühnerbrühe
150 g Sahne
1 EL Mehl
1 EL weiche Butter
Salz, weißer Pfeffer

1 EL Mandelblättchen beiseite legen. Die restlichen in einer beschichteten Pfanne ohne Fett bei mittlerer Hitze unter ständigem Rühren goldbraun rösten. Aus der Pfanne nehmen.

Zwiebeln und Knoblauch schälen und fein hacken. Das Öl in einem großen Topf erhitzen und beides darin goldbraun dünsten. Die gerösteten Mandeln unterrühren. Den Weißwein, die Hühnerbrühe und die Sahne dazugießen, alles bei schwacher Hitze etwa 10 Min. einkochen lassen.

Mehl und weiche Butter mit einer Gabel gut verkneten. In die Suppe geben und gut verquirlen. Die Suppe mit Salz und Pfeffer abschmecken und mit einem Pürierstab aufmixen (so wird sie schön sämig).

Die Suppe in Suppentassen füllen und die restlichen Mandelblättchen darüber streuen.

Linsensuppe

Zubereitungszeit: 45 Min.
Pro Portion ca.: 465 kcal

Zutaten für 4 Personen:
400 g rote kleine Linsen
2 große Zwiebeln
50 g Ghee (Butterschmalz)
1/2 TL gemahlener Kreuzkümmel
1/2 TL Kurkuma
2 EL Butter
Salz, Pfeffer

Die Linsen in einem Sieb unter fließendem Wasser abspülen. 1 Zwiebel ungeschält vierteln und mit den Linsen in 1 l Wasser in etwa 15 Min. weich kochen. Zwiebelstücke wieder entfernen. Wasser abgießen und auffangen.

Die übrige Zwiebel schälen und fein hacken. Mit Ghee in einer Pfanne goldbraun anbraten und zu den Linsen geben.

Alles mit einem Pürierstab zu feinem Mus verarbeiten, dabei bei Bedarf etwas Kochwasser dazu geben. Die Suppe nochmal erhitzen, die Butter darin schmelzen lassen. Mit Kreuzkümmel, Kurkuma, Salz und Pfeffer würzen.

Die kleinen roten Linsen eignen sich auch als Tischdekoration. Vorschläge auf Seite 230 und 231.

Orientalischer Spinat

Einweichzeit: 1 Std.
Zubereitungszeit: 20 Min.
Pro Portion ca.: 175 kcal

Zutaten für 4 Personen:
100 g Kurpflaumen (ohne Stein)
1 kg Blattspinat
2 Tomaten
2 Zwiebeln
2 EL Olivenöl
10 g Butter
1/2 TL gemahlener Koriander
1 EL Tomatenmark
1 TL Zucker
Salz, Pfeffer

Die Pflaumen in warmem Wasser etwa 1 Std. einweichen.

Reichlich Wasser zum Kochen bringen. Den Spinat waschen und putzen. Die Tomaten über Kreuz einritzen und kurz mit kochendem Wasser überbrühen, dann herausnehmen. Spinat im kochenden Wasser zusammenfallen, dann abtropfen lassen. Grob hacken. Die Zwiebeln schälen und in Scheiben schneiden. Die Tomaten häuten und würfeln.

Das Öl und die Butter in einer großen Pfanne erhitzen. Die Zwiebeln darin glasig dünsten. Pflaumen, Tomaten, Koriander, Tomatenmark und Zucker zu den Zwiebeln in die Pfanne geben und einige Min. garen. Den Spinat unterheben, mit Salz und Pfeffer abschmecken.

Arabischer Kartoffelsalat

Zubereitungszeit: 45 Min.
Pro Portion ca.: 275 kcal

Zutaten für 4 Personen:
800 g festkochende Kartoffeln
1 Zwiebel, 6 EL Olivenöl
1/2 TL gemahlener Koriander
1 TL Kurkuma, 1 TL Pul Biber
Saft 1 Limette, Salz, Pfeffer

Die ungeschälten Kartoffeln nicht zu weich kochen und pellen. In grobe Stücke schneiden und beiseite stellen.

Die Zwiebel schälen und in Streifen schneiden. Das Öl in einer Pfanne erhitzen und Zwiebelstreifen, Koriander, Kurkuma und Pul Biber hineinrühren. Hitze reduzieren und die Kartoffeln darunter mischen. Abkühlen lassen.

Limettensaft nach Geschmack unterrühren. Salzen und pfeffern.

Der Kartoffelsalat schmeckt noch besser, wenn er eine Weile durchgezogen ist.

Variante: Marokkanischer Kartoffelsalat mit Roter Bete

500 g festkochende Kartoffeln und 500 g Rote Beten getrennt nicht zu weich kochen, schälen und in Scheiben schneiden. In zwei separate Schüsseln geben. 2 Tomaten würfeln und 1 rote Zwiebel in Ringe schneiden. Beides zu den Roten Beten geben. 100 g schwarze entkernte Oliven vierteln und zu den Kartoffeln geben. Aus 2 gepressten Knoblauchzehen, 5 EL heißer Fleischbrühe, Essig, Salz, Pfeffer und Chilipulver eine Marinade rühren und über den Roten Beten und den Kartoffeln verteilen. Beides getrennt gut mischen und 30 Min. durchziehen lassen. Auf einer großen Platte anrichten und mit Korianderblättchen bestreuen.

Köfte ist nichts anderes als Frikadelle auf türkisch. In der Türkei gibt es sogar spezielle Lokale, die Köfteci, in denen ausschließlich diese Hackfleischbällchen angeboten werden, in etlichen Varianten, versteht sich. Keine Frage, dass sich bei den Zutaten die ganze Vielfalt von orientalischen Gewürzen versammelt.

Möhrenköfte mit Aprikosen

Um die Möhren für die Deko in hauchdünne Streifen zu schneiden, nimmt man am besten einen Sparschäler (oben). Auf der bemehlten Arbeitsfläche werden die Köfte in Form gebracht (unten).

Zubereitungszeit: 45 Min.
Pro Portion ca.: 505 kcal

Zutaten für 4 Personen:
1 kg Möhren
Salz
200 g altes Pita- oder Weißbrot
10 getrocknete Aprikosen
3 Knoblauchzehen
1 kleines Bund großblättrige Petersilie
1 kleines Bund Minze
3 EL Pinienkerne
1 TL Paprikapulver, edelsüß
1 Ei
100 g Mehl
6 EL Sonnenblumenöl
1 Limette

Die Möhren schälen, 2 für die Deko beiseite legen. Die übrigen in Stücke schneiden, in etwas Salzwasser weich kochen und in einer Schüssel mit einem Stampfer zerdrücken.

Das Brot zerkrümeln. Die Aprikosen fein hacken. 2–3 Knoblauchzehen schälen und pressen. Petersilie und Minze waschen, trockentupfen und die Blättchen fein hacken. Alles zu den Möhren geben. Pinienkerne, Paprika und das Ei hinzufügen, leicht salzen und alles zu einer feuchten, leicht klebrigen Masse verarbeiten.

Das Mehl auf einen Teller geben. Aus dem Teig mit feuchten Händen daumendicke Röllchen formen und im Mehl wälzen. In einer Pfanne das Öl erhitzen und die Köfte darin bei mittlerer Hitze 5–10 Min. von allen Seiten braten.

Die Limette waschen, in Scheiben schneiden und zum Schluss kurz mit in die Pfanne geben.

Die 2 restlichen Möhren mit einem Sparschäler in dünne Streifen schneiden und mit den Limettenscheiben als Dekoration auf einen Teller setzen. Die Köfte darauf anrichten. Warm oder kalt servieren.

Variante
Fleischröllchen mit Nüssen

In etwas Öl 500 g Rinderhackfleisch und 2 EL gehackte Petersilie anbraten. Das Fleisch etwas abkühlen lassen und 150 g grob gehackte Pinienkerne, 100 g gemahlene Walnüsse, 1 Ei, 2–3 EL Semmelbrösel, Salz, Pfeffer und 1 EL Zimtpulver untermischen. Aus dem Teig Röllchen formen und in reichlich heißem Öl etwa 3 Min. rundum braten.

Kibbeh

sind Frikadellen, die mit Bulgur und vielen orientalischen Gewürzen zubereitet werden. Sie werden gebraten oder frittiert, es gibt sie mit Fleischfüllung oder vegetarisch. Sie sind in jedem Falle eine recht sättigende Angelegenheit.

Frittierte Kibbeh

Zubereitungszeit: 1 Std.
Pro Stück ca.: 180 kcal

Zutaten für 20 Stück:
Für den Teig:
500 g mittelfeiner Bulgur
1/2 TL Salz
1/4 TL Currypulver
1 TL gemahlener Kreuzkümmel
1 TL Speisestärke

Für die Füllung:
1 Zwiebel
2 EL Öl
500 g Lamm- oder Rinderhackfleisch
1/4 TL Pimentpulver
1/4 TL Zimtpulver
1/2 EL Sumak, Salz
50 g Walnusskerne
Öl zum Frittieren

Für die Garnitur:
1 Limette, Petersilie

Für den Teig den Bulgur waschen, in einer Schüssel knapp mit Wasser bedecken und 20 Min. quellen lassen. Durch ein feines Sieb abgießen und in eine große Schüssel geben.

Die Gewürze und die Stärke dazugeben und alles zu einem Teig verkneten. Mit einem Küchentuch abdecken, damit er nicht austrocknet.

Für die Füllung die Zwiebel schälen und fein würfeln. Das Öl in einer tiefen Pfanne erhitzen. Die Zwiebel und das Fleisch darin bei mittlerer bis starker Hitze etwa 5 Min. braten, bis die Flüssigkeit verdampft ist. Mit Piment, Zimt, Sumak und Salz abschmecken. Walnüsse hacken und untermischen. Die Fleischmasse erkalten lassen.

Den Teig in 20 Portionen teilen und diese zu Kugeln formen. Mit dem Zeigefinger ein Loch in jede Kugel drücken und diese zu Kegeln modellieren, die unten offen

Lamm-Bulgur-Frikadellen schmecken auch kalt.

sind und möglichst dünne Wände haben. Die Füllung hineingeben und die Kegel gut verschließen.

In einer tiefen Pfanne reichlich Öl erhitzen und die Kibbeh darin goldbraun frittieren. Mit einem Schaumlöffel herausheben und zum Entfetten auf mehreren Lagen Küchenpapier auslegen. Mit Limettenscheiben und Petersilie anrichten.

Lamm-Bulgur-Frikadellen

Einweichzeit: 20 Min.
Zubereitungszeit: 30 Min.
Pro Portion ca.: 370 kcal

Zutaten für 4 Personen:
250 g Bulgur
1 große Zwiebel
450 g mageres Lammhackfleisch
1 TL gemahlener Piment
1 TL Paprikapulver
1 Prise Zimtpulver
2 TL Salz
Öl zum Braten
1 kleines Bund glattblättrige Petersilie
1 Zitrone

Den Bulgur waschen, in einer Schüssel knapp mit Wasser bedecken und 20 Min. quellen lassen. Durch ein feines Sieb abgießen, abtropfen lassen und in eine Schüssel geben.

Die Zwiebel schälen, reiben und mit dem Lammfleisch zum Bulgur geben. Gewürze und Salz hinzufügen und alles gut durchkneten.

Aus dem Teig Bällchen formen und diese flachdrücken. In einer schweren, tiefen Pfanne reichlich Öl erhitzen und die Kibbeh darin bei mittlerer Hitze goldbraun braten. Auf Küchenpapier abtropfen lassen und mit Petersilie heiß servieren. Dazu Zitronenschnitze zum Beträufeln reichen.

Vegetarische Kibbeh

Einweichzeit: 20 Min.
Zubereitungszeit: 35 Min.
Pro Portion ca.: 285 kcal

Zutaten für 4 Personen:
250 g Bulgur
2 mittelgroße Auberginen
2 Knoblauchzehen
1 rote Chilischote
1 große Zwiebel
1/2 TL gemahlener Piment
1/2 TL gemahlener Koriander
1/2 TL Salz
1 TL Speisestärke
Sonnenblumenöl zum Braten
1 kleines Bund glattblättrige Petersilie
1 Zitrone

Den Bulgur waschen, in einer Schüssel knapp mit Wasser bedecken und 20 Min. einweichen. Dann den Bulgur durch ein feines Sieb abgießen, abtropfen lassen und in eine Schüssel geben.

Die Auberginen waschen, putzen und grob zerkleinern. Den Knoblauch schälen und grob schneiden. Die Chilischote längs halbieren, Kerne und Stielansatz entfernen. Alle Gemüse im Mixer pürieren und zum Bulgur geben.

Die Zwiebel schälen, reiben und mit den Gewürzen hinzufügen. Die Stärke mit wenig Wasser anrühren und dazugießen. Alles mit den Händen gut verkneten. Aus der Masse Bällchen formen und diese flachdrücken.

In einer schweren Pfanne reichlich Öl erhitzen und die Kibbeh darin bei mittlerer Hitze goldbraun braten. Auf Küchenpapier abtropfen lassen und mit Petersilie heiß servieren. Dazu Zitronenschnitze zum Beträufeln reichen.

Lamm mit Aprikosen

Marinierzeit: 30 Min.
Zubereitungszeit: 10 Min.
Garzeit: 30 Min.
Pro Portion ca: 380 kcal

Zutaten für 4 Personen:
1 TL Zimtpulver
1 TL gemahlener Kreuzkümmel
2 TL Chilipulver
600 g magere Lammschulter
200 g getrocknete Aprikosen
2 Zwiebeln
3 Knoblauchzehen
2 EL Olivenöl, 2 EL Butter
2 Lorbeerblätter, 1 Limette
Pfeffer, Salz

Zimt, Kreuzkümmel und Chilipulver mischen. Das Fleisch würfeln, in den Gewürzen wälzen und 30 Min. kühl stellen. Aprikosen mit kochendem Wasser überbrühen und 30 Min. quellen lassen.

Die Hälfte der Aprikosen aus dem Wasser nehmen und auf einem Sieb abtropfen lassen. Das Quellwasser auf 600 ml auffüllen. Die Zwiebeln schälen und in grobe Stücke schneiden. Den Knoblauch schälen. Beides zu den Aprikosen im Wasser geben und im Mixer pürieren.

In einer schweren Pfanne Öl und Butter erhitzen und die gewürzten Fleischstücke scharf anbraten. Dabei gut umrühren und die Gewürze, die auf dem Teller geblieben sind, auch dazugeben. Die Hitze reduzieren und die Aprikosenpaste, die restlichen ganzen Aprikosen und die Lorbeerblätter hineinrühren. Die Limette waschen, in Scheiben schneiden und dazugeben. Das Ragout zudecken und 15–30 Min. köcheln lassen. Die Garzeit hängt ab von der gewünschten Konsistenz des Fleischs. Mit Salz und Pfeffer abschmecken.

Kufta mit Tahina

Zubereitungszeit: 45 Min.
Pro Portion ca: 470 kcal

Zutaten für 4 Personen:
4 mittelgroße Kartoffeln
1 Aubergine
2 Zucchini
3 große Zwiebeln
2 Möhren
300 g Hackfleisch
Pimentpulver (All Spices)
Öl zum Braten
Salz, Pfeffer

Für die Tahinasauce:
4 EL Zitronensaft
4 EL Tahina
300 g Joghurt
Salz

Den Backofen auf 180° vorheizen. Die Kartoffeln schälen, Auberginen und Zucchini putzen und alles grob würfeln. Zwiebeln schälen und in Scheiben schneiden, Möhren abschaben und in längliche Scheiben schneiden.

Das Hackfleisch mit Piment, Salz und Pfeffer würzen und mischen. Aus dem Fleisch kleine Bällchen formen. In einer Pfanne wenig Öl erhitzen und die Bällchen darin rundum scharf anbraten. Mit dem Bratfett in eine ofenfeste Form geben und das Gemüse hinzugeben. Etwas Wasser dazugießen und mit Salz und Pfeffer würzen. Die Form zudecken und die Kufta im Backofen (Mitte, Umluft 160°) etwa 30 Min. garen.

Für die Tahinasauce den Zitronensaft mit der Tahinapaste und dem Joghurt gut verrühren und salzen. Die Tahinasauce über das Fleisch und das Gemüse geben. Offen etwa 15 Min. weitergaren, bis die Sauce eindickt.

Als Kufta bezeichnet man kleine gebratene Hackfleischbällchen in vielen Varianten. Sie werden auch als Kafta, Kefta oder (in Griechenland) Keftedes genannt und erinnern dem Namen nach an Köfte (Seite 88), die allerdings etwas größer sind.

Oliven und Geflügel, eine perfekte Liaison, gleichgültig, ob es sich um Innereien wie Hühnerleber (links) oder eine im Ganzen geschmorte Wachtel (rechts) handelt.

Geflügel *wird im Orient häufig zubereitet, seien es Hühner, Puten, Gänse, Enten, Tauben, Fasane, Rebhühner ... Ihr Fleisch ist für pikante orientalische Gerichte ideal. Zum täglichen Fastenbrechen während des Ramadan wird oft Huhn zubereitet. Eine ägyptische Spezialität sind würzige Täubchen.*

Hühnerleber in feuriger Sauce

Marinierzeit: 30 Min.
Zubereitungszeit: 45 Min.
Pro Portion ca.: 275 kcal

Zutaten für 4 Personen:
600 g Hühnerleber
4 EL Zitronensaft
1/2 TL gemahlener weißer Pfeffer
400 g Tomaten
2 frische Chilischoten
2 EL Mehl, 5 EL Erdnussöl
1 Salzzitrone (Rezept Seite 131)
50 g entsteinte Oliven
1 Prise gemahlener Kreuzkümmel
1 Prise Cayennepfeffer
1 Prise Paprikapulver, Salz

Die Hühnerlebern putzen und halbieren. Den Zitronensaft mit der Hälfte des Pfeffers mischen, über die Lebern träufeln und 30 Min. marinieren.

Die Tomaten über Kreuz einritzen, mit kochendem Wasser überbrühen, häuten, entkernen und das Fruchtfleisch würfeln. Chilis aufschlitzen, entkernen und in Ringe schneiden.

Das Mehl mit dem Rest Pfeffer mischen, die Lebern trockentupfen und darin wälzen. 5 EL Öl in einer Pfanne stark erhitzen und die Lebern darin kurz scharf anbraten. Aus der Pfanne nehmen und beiseite stellen.

In derselben Pfanne Tomaten und Chili unter häufigem Wenden 5 Min. garen, bei Bedarf noch Öl hinzufügen. Etwas Wasser angießen.

Die Salzzitrone vierteln, das Fruchtfleisch entfernen. Die Schale mit den Oliven in die Gemüsepfanne geben. Kreuzkümmel, Cayennepfeffer und Paprikapulver untermischen und 5–6 Min. offen garen. Zuletzt salzen und die Leber in der Sauce erwärmen. Alles in eine vorgewärmte Schüssel geben und heiß servieren. Mit Zitronenschale dekorieren.

Wachteln mit Oliven

Zubereitungszeit: 30 Min.
Garzeit: 1 Std.
Pro Portion ca.: 430 kcal

Zutaten für 4 Personen:
1/2 TL Ingwerpulver
1/2 TL Zimtpulver
1/4 TL Nelkenpulver
1/2 TL Paprikapulver, rosenscharf
4 TL Tomatenmark, 4 TL Olivenöl
4 ausgenommene Wachteln
4 Lorbeerblätter
Salz, Pfeffer, 2 Limetten
300 g grüne entsteinte Oliven

Die Gewürze mit dem Tomatenmark und etwas Öl gründlich verrühren. Einen Teil der Paste auf die Innenseiten der Wachteln pinseln, die Wachteln außen salzen.

In einer großen Pfanne das restliche Öl erhitzen und die Wachteln mit den Lorbeerblättern darin scharf anbraten. Die Hitze reduzieren. Die Hälfte der übrigen Paste hineinrühren. Die Wachteln zugedeckt etwa 1 Std. weitergaren, öfter etwas Wasser angießen und die Wachteln 2–3-mal wenden. Zwischendurch immer wieder mit Flüssigkeit begießen.

1 Limette auspressen und den Saft dazugießen. Salzen und pfeffern. Zum Schluss die Oliven dazugeben und 5 Min. mitgaren.

Die zweite Limette waschen und in Scheiben schneiden. Die Wachteln mit den Limettenscheiben anrichten.

Variante
Huhn in Walnusssauce

Khoresch Fesendschon ist ein berühmtes Gericht im Iran. Hierfür Hühnerteile salzen, pfeffern und im Backofen bei 200° etwa 30 Min. braten. Für die Sauce Zwiebelwürfel in 2–3 EL Öl braten und 200–300 g gemahlene Walnusskerne anrösten. 8 EL Granatapfelsirup mit 400 ml Wasser oder Hühnerbrühe verdünnen, 1 EL Tomatenmark und 2–3 EL Zucker unterrühren. 1/2 TL Kurkuma, Salz und Pfeffer dazugeben und alles unter Rühren 1 Std. köcheln lassen. Zum Schluss das Fleisch in der Sauce 5 Min. köcheln lassen.

Pilaw *kann sowohl als warme Vorspeise wie auch als Hauptgericht gegessen werden. Und: Er passt zu allem, sei es Hühnerfleisch, Wildragout, Lamm oder Meeresfrüchte. Damit das Auge auch etwas davon hat, kann man den fertigen Reis in eine Ringform drücken, diese auf einen Teller stürzen und Fleisch, Fisch oder Gemüse in die Mitte setzen.*

Reis Grundrezept

Reis mit der eineinhalbfachen Menge kaltem Wasser aufsetzen und zugedeckt köcheln lassen, bis alles Wasser von den Körnern aufgesogen ist. Vom Herd nehmen.

Damit er schön locker und körnig bleibt, ein Küchentuch um den Deckel wickeln und wieder auflegen. Den Reis 5–10 Min. ausdampfen lassen.

Soll der Reis körniger werden, etwa wenn er anschließend weiterverarbeitet wird, nimmt man weniger Flüssigkeit, bis zu 1 Teil Wasser auf 1 Teil Reis.

Pilaw-Methode

60 g Butter
300 g Langkornreis
600 ml Rinderfond
Salz, Pfeffer

40 g Butter in einem großen Topf zerlassen. Den Reis darin unter Rühren glasig werden lassen. Den Rinderfond dazugießen, kurz aufkochen lassen und den Reis wie im Grundrezept garen und ausdampfen lassen.

Gleichzeitig muss natürlich die Garnitur (wie hier die Hühnerleber) zubereitet werden.

Den fertigen Reis salzen, pfeffern und die restliche Butter untermischen. Nun den Reis entweder noch einmal auflockern und als Beilage reichen. Oder in eine Ringform füllen, auf eine vorgewärmte Platte stürzen und die dazugehörige Garnitur in die Mitte geben.

Pilaw mit Hühnerleber

Quellzeit: 15 Min.
Zubereitungszeit: 30 Min.
Pro Portion ca.: 940 kcal

Zutaten für 4 Personen:
2 EL Sultaninen
3 EL Olivenöl
1 Zwiebel
6 EL Pinienkerne
350 g Langkornreis
1 TL gemahlener Piment
1/2 TL Zimtpulver
3/4 l Hühnerbrühe
Salz, Pfeffer
225 g Hühnerleber
1 Bund Petersilie, 1 Bund Dill
1 gelbe Chilischote zum Dekorieren

Die Sultaninen 15 Min. einweichen, dann abtropfen lassen.

Die Zwiebel schälen und hacken. In einem schweren Topf 2 EL Öl erhitzen und die Zwiebel darin glasig braten. Die Hälfte der Pinienkerne dazugeben. Sobald sie zu bräunen beginnen, erst die Sultaninen, dann den Reis und die Gewürze unterrühren. Die Brühe hinzugießen, mit Pfeffer und Salz abschmecken und kurz aufkochen lassen. Bei schwacher Hitze etwa 20 Min. quellen lassen.

Währenddessen die Hühnerlebern putzen und in kleine Stücke schneiden. Die Kräuter waschen, trockentupfen und ohne die Stiele fein hacken.

Sobald der Reis die Brühe aufgesogen hat, den Topf vom Herd nehmen, mit einem Tuch bedecken und den Deckel auflegen. 5–10 Min. ausdampfen lassen. Dann in einer Pfanne das restliche Öl erhitzen und die Lebern darin scharf anbraten.

Die restlichen Pinienkerne ohne Fett unter Rühren braun rösten. Das Reisgericht mit der Gabel auflockern, auf einen großen Teller geben, die Leber darauf setzen und mit Kräutern und Pinienkernen garnieren. Aus der Chilischote eine Rosette schneiden und obenauf setzen.

Interessant gewürzt: Pilaw mit Hühnerleber.

TIPP

Bei der Pilaw-Methode wird der Reis bereits durch die Garflüssigkeit gewürzt. Statt Rinderfond passen auch Geflügel-, Fisch, Gemüse- oder Wildfond. Im Gegensatz zum italienischen Risotto bleibt der Reis beim Servieren »trocken«, die Flüssigkeitsmenge ist so dosiert, dass sie vom Reis ganz aufgesogen wird.

Reis mit Datteln

Vorbereitungszeit: 10 Min.
Garzeit: 30 Min.
Pro Portion ca.: 630 kcal

Zutaten für 4 Personen:
300 g Langkornreis
200 g Datteln
25 g Sonnenblumenkerne
2 EL Öl, 1/2 TL Currypulver
Salz, Pfeffer, 80 g Butter

Den Reis mit 450 ml Wasser in einen Topf geben und zugedeckt 10 Min. köcheln lassen. Den Backofen auf 150° vorheizen. Die Datteln entsteinen und halbieren. Die Hälfte beiseite legen, den Rest klein schneiden.

Die Dattelstücke mit Sonnenblumenkernen, Öl und Curry unter den Reis mischen. Zugedeckt im Backofen (Mitte, Umluft 130°) etwa 30 Min. quellen lassen.

In eine Savarinform die andere Hälfte der Datteln mit der Schnittseite nach oben setzen. Den Reis darauf drücken und auf einen Teller stürzen. Vor dem Servieren Butterflocken dazu geben.

Genuss für die Sinne: Süße Datteln und duftende Rosen.

Gänseleber auf Kaktuspüree

Zubereitungszeit: 1 Std.
Marinierzeit: 1 Std.
Pro Portion ca.: 930 kcal

Zutaten für 4 Personen:
Für die Gänseleber:
650 g Gänseleber (2 Stück, ersatzweise Entenleber)
50 ml Portwein, Salz, Pfeffer
50 g Mehl, 2 EL Öl zum Braten

Für das Kaktuspüree:
4 Kaktusfeigen, 1 Apfel
150 ml Apfelsaft
2 TL Apfelessig, 2 TL Zucker
Salz, 1 Prise Chilipulver
1 Msp. Speisestärke

Für die Garnitur:
2 Kaktusfeigen
1 Stängel Basilikum

Die Lebern halbieren, in 1 cm dicke Scheiben schneiden und 1 Std. im Portwein marinieren, dann abtropfen lassen.

Währenddessen für das Püree die Kaktusfeigen und den Apfel schälen und in kleine Würfel schneiden. Mit Apfelsaft, Apfelessig und Zucker in einen Topf geben. Zugedeckt 15–20 Min. köcheln lassen. Mit Salz und Chilipulver würzen. Durch ein Sieb passieren und nochmals aufkochen lassen. Stärke mit 1 EL Wasser verrühren und das Püree damit binden.

Die Leber mit Salz und Pfeffer würzen und in Mehl wenden. Das Öl erhitzen und die Leber darin goldbraun braten. Beiseite stellen und warm halten.

TIPP

Statt Kaktusfeigen Mango verwenden. Diese dürfen nicht zu hart sein, dann sind sie reif und süß genug.

Für die Garnitur Basilikum waschen, trockentupfen und die Blätter in Streifen schneiden. Kaktusfeigen komplett von Stacheln befreien und vierteln. Das Püree auf Teller geben und die Leber darauf setzen. Mit Mangokataifs, den Kaktusvierteln und Basilikumstreifen anrichten.

Mangokataif

Zubereitungszeit: 40 Min.
Ruhezeit: 1 Std.
Pro Portion ca.: 460 kcal

Zutaten für 4 Personen:
1 TL Trockenhefe
300 g Mehl, Salz
Butterschmalz zum Backen
50 ml zerlassene Butter
1 Mango, 2 kleine Zwiebeln
2 EL Öl, Salz, Pfeffer
1 TL Zucker

Den Teig für die Kataif herstellen (siehe Rezept Seite 197) und ruhen lassen.

Für die Füllung die Mango schälen und das Fruchtfleisch in Stücken vom Kern schneiden, klein würfeln. Die Zwiebeln schälen und klein schneiden. Das Öl in einer Pfanne erhitzen und die Zwiebeln darin glasig dünsten. Mango und etwas Wasser hinzugeben. 10 Min. köcheln lassen, bis die Flüssigkeit verdampft ist. Mit Salz, Pfeffer und Zucker abschmecken und erkalten lassen.

Den Backofen auf 220° vorheizen. Aus dem Hefeteig nach Rezept kleine Küchlein backen. Mangofüllung mittig darauf setzen, die Kataifs halbmondförmig verschließen. Den Rand gut andrücken. Kataifs auf ein Backblech legen und mit zerlassener Butter bestreichen. Im Backofen (Mitte, Umluft 200°) etwa 15 Min. backen. Danach warm halten.

Wilde Kaktusfrüchte wollen mit Vorsicht angefasst werden: Die Stacheln sind spitz und die feinen Härchen dringen mit ihren Widerhaken in die Haut ein und verursachen stundenlanges schmerzhaftes Jucken. Es gibt aber Züchtungen ohne diese unangenehmen Begleiterscheinungen.

Gefülltes Huhn *ist ein traditionelles jüdisch-marokkanisches Festessen. Man braucht dazu ein von den Knochen befreites ganzes Huhn (Flügel ausgenommen). Mit einem scharfen Ausbeinmesser schneidet man am Rücken beginnend sämtliche Knochen vorsichtig heraus. Das Huhn mit der Haut bleibt dabei völlig intakt. Dazu ist etwas Übung nötig und für den Anfang empfiehlt es sich, einen Koch oder Fleischer um Hilfe zu bitten.*

Gefülltes Huhn

Das Huhn wird prall mit einer Masse aus Eiern, Fleisch und Bulgur gefüllt und fest zugenäht.

Zubereitungszeit: 1 Std.
Bratzeit: 45 Min.
Pro Portion ca.: 435 kcal

Zutaten für 6 Personen:
2 Eier
200 g Hähnchenleber
1 Bund glatte Petersilie
200 g gehacktes Kalbfleisch
50 g Bulgur
1 EL gemahlener Sumak
1 EL Pul Biber
1 EL Za'atar
Salz, Pfeffer
1 ganzes ausgebeintes Hähnchen

Den Backofen auf 180° vorheizen. Die Eier hart kochen, abschrecken und pellen. In grobe Stücke schneiden. Die Hähnchenlebern in kleine Stücke schneiden. Die Petersilie waschen, trockentupfen, von den Stielen befreien und hacken. Alles zusammen mit dem Hackfleisch, dem Bulgur, Sumak, Pul Biber und Za'atar in eine Schüssel geben und gut mischen. Alles salzen und pfeffern.

Mit der Mischung das Huhn bis in die ausgehöhlten Schenkel prall füllen und mit Küchengarn fest zunähen. In einen Bräter legen und im Backofen (Mitte, Umluft 160°) 45 Min. garen. Dabei das Huhn mehrmals vorsichtig wenden und mit dem Bratfett übergießen.

Das fertige Huhn auf einer Platte mit Pickles anrichten und beginnend an einem Schenkel in Scheiben schneiden.

TIPPS

Die Füllung kann ruhig kräftiger gewürzt werden, denn während der Garzeit verlieren die Gewürze etwas an Wirkung.

Sie können auch ein Huhn mit Knochen auf diese Weise füllen und zubereiten. Das ist zwar nicht original, schmeckt aber genau so gut!

Variante Walnuss-Füllung

1 Ei, 100 g Semmelbrösel, 150 g gehackte Walnüsse, je 2 EL fein gehackte Petersilie und Dill, 2 gehackte Knoblauchzehen und 50 g Butter zu einer Masse rühren. Reicht als Füllung für ein etwa 1,5 kg schweres Brathähnchen. Garzeit etwa 1 Std. bei 200°.

دراسة:
تعاطي التبغ والكوكايين يزيد خطر الإجهاض

Rouladen mit Zwiebelgemüse

Zubereitungszeit: 1 Std.
Pro Portion ca.: 490 kcal

Zutaten für 4 Personen:
Für das Zwiebelgemüse:
4 Zwiebeln
2 kleine Auberginen
1 EL Zitronensaft
1 TL Zucker
2 TL Baharat
Salz, Pfeffer

Für die Rouladen:
4 kleine Rinderrouladen
Mehl zum Wenden
Pfeffer
4 EL Olivenöl
50 g Butterschmalz (Ghee)
1 Aubergine
50 ml Weißwein
1 EL Tomatenmark
Salz

Für das Gemüse den Backofen auf 180° vorheizen. Die Zwiebeln ungeschält halbieren, die Auberginen mehrmals mit der Gabel einstechen. Beides auf ein Backblech setzen und im Backofen (Mitte, Umluft 160°) 20–30 Min. garen.

Das Gemüse etwas abkühlen lassen. Die Auberginen halbieren, mit einem Löffel das Fruchtfleisch herausschaben und zerdrücken. Die Zwiebeln schälen und in Stücke schneiden. Das Auberginenfleisch mit dem Zitronensaft, Zucker und Baharat gut unter die Zwiebeln mischen, beiseite stellen.

Für die Rouladen das Mehl auf einem flachen Teller verteilen. Die Rouladen halbieren, pfeffern und im Mehl wenden. Fleisch einrollen und mit einem Spieß fixieren. Das Öl in einem Schmortopf erhitzen und die Rouladen darin von allen Seiten scharf anbraten. Dann bei mittlerer Hitze 20 Min. schmoren, dabei etwas Wasser angießen.

Die Aubergine waschen, putzen und in Würfel schneiden. Das Butterschmalz in einem Topf zerlassen und die Aubergine darin bei mittlerer bis starker Hitze etwa 10 Min. braten. Mit dem Wein ablöschen. Alles pürieren, das Tomatenmark einrühren und die Rouladen dazugeben. Die Sauce einköcheln lassen. Zum Schluss mit Salz und Pfeffer würzen.

Auf dem Bild sind die Rouladen auf gebratenen Auberginenscheiben angerichtet. Mit dem Auberginenpüree übergießen und mit dem Zwiebelgemüse anrichten.

TIPPS

Gut passt dazu ein Kartoffelpüree. Sie können auch noch halbierte Zwiebeln im Backofen mitgaren und auf den Tellern anrichten.

Die Sauce ist auch ein köstlicher Beitrag für die Mezzetafel. Bereiten Sie die doppelte Menge zu. Die Sauce hält sich im Kühlschrank etwa 1 Woche.

Die Wandmalerei illustriert das Angebot eines Restaurants.

links: Zum Trocknen oder für Flickarbeiten werden die Netze im Hafen ausgelegt.
Mitte: Gemütlich dümpeln die Fischerboote im Hafen des marokkanischen Essaouira vor sich hin.
rechts: Frische Brassen auf einem Fischmarkt in Tunis.

Typisch für den Nil sind die asymmetrischen spitzen Segel der Felukken.

Fisch – Genuss und Symbol

»In der Wüste kann man leicht versprechen, keine Fische zu fangen«. Das sagt ein arabisches Sprichwort und dokumentiert eine jahrtausendealte Fischereitradition der orientalischen Länder.

Das Mittelmeer, das Rote Meer, der Arabische Golf und der Atlantik bieten eine reiche Auswahl an Meeresfischen, so dass Fischgerichte in fast allen Ländern des Orients verbreitet und beliebt sind. Seezungen, Meerbarben, Seeteufel, Dorade und Schwertfisch werden gefischt. Außerdem natürlich Garnelen und Muscheln. Marokko ist der Welt zweitgrößter Sardinenproduzent und der tunesische Tunfischfang vor Sisi Daout macht sogar Japan ernsthafte Konkurrenz.

Eine der größten Delikatessen ist der Stör vom Kaspischen Meer, der den besten Kaviar liefert. In Binnenseen und Flüssen sind Forelle, Hecht und Zander verbreitet.

Fisch spielt auch in der Mythologie der Völker eine Rolle. An den Eingängen der Felsenwohnungen von Matmata nahe der tunesischen Sahara findet man blaue Fische aufgemalt, die wie Piktogramme aussehen. Sie sind dazu da, das »böse« Auge abzuwehren, das voller Neid und Missgunst auf die Hausbesitzer blickt. Und wenn man einen würzig gebratenen Seeteufel gegessen hat, darf man das seinem Gegenüber keinesfalls mitteilen, sondern ist gehalten, die Speise höflich zu umschreiben. Der andere könnte sonst auf die Idee kommen, man würde das böse Wort *houtt* (= Fisch) nur deswegen in den Mund nehmen, um dessen vermeintliche Habgier abzuwehren. In den Anfängen des Christentums diente das Fischsymbol als Geheimzeichen.

Oft wird Fisch einfach nur gegrillt, eventuell vorher mariniert oder nur mit Limettensaft beträufelt. Besonders gut ist auch die Gewürzmischung Chermoula als Würze geeignet (Seite 82). Gedämpft sind Fisch und Meeresfrüchte Bestandteil von Couscous- und Tajinegerichten und tragen so zur Vielfalt dieser maghrebinischen Nationalgerichte bei. Auch in vielen Suppen und Eintöpfen spielt er eine Rolle. Und abgesehen von der jüdischen Tradition, deren koschere Küche keine Schalen- und Krustentiere erlaubt, sind dem Verzehr der Meerestiere keine kulturellen Schranken gesetzt.

In den küstennahen Gewässern des Atlantik zwischen Agadir und Essaouira verdienen sich Fischer in kleinen Booten einen kargen Lebensunterhalt.

An vielen Hauswänden findet man das Symbol des Fischs wieder.

Gegrillter Fisch mit Datteln

Zubereitungszeit: 45 Min.
Pro Portion ca.: 305 kcal

Zutaten für 4 Personen:
250 g entkernte getrocknete Datteln
2 Zwiebeln
2 Knoblauchzehen
Salz
1 TL Kurkuma
1 TL Baharat
2 große küchenfertige Forellen (oder 4 mittelgroße ungeschuppte Brassen)
2 EL Zitronensaft
1 EL Olivenöl

Für die Dekoration:
1 Stängel Koriandergrün
1 rote Chilischote

Die Datteln in Wasser einweichen. Mit einem Teil des Einweichwassers im Mixer pürieren.

Zwiebeln schälen und reiben, Knoblauch schälen und pressen. Mit der Dattelpaste, Salz, Kurkuma und Baharat vermengen und auf die Innenseiten der Fische streichen. Die Öffnung mit kleinen Spießen verschließen. Den Rest der Paste als Beilage beiseite stellen.

Einen langen Spieß durch das Maul der Fische schieben. Mit einem sehr scharfen Messer die Haut einritzen. Zitronensaft und Öl mischen und die Fische damit einpinseln.

Die Fische auf dem Holzkohlengrill von jeder Seite 5 Min. garen (unter dem Backofengrill mit Umluft von einer Seite 5 Min. und von der zweiten 3 Min.). Mit der Paste und den ganzen Datteln servieren. Mit Koriander und einer Chilischote dekorieren.

TIPP

Wenn die Fische vor dem Grillen mit der Dattelpaste eingestrichen werden, entsteht eine knusprige Hülle. Doch Vorsicht, nicht anbrennen lassen, daher mehrmals wenden.

Nilbarsch mit getrockneten Limetten

Die getrockneten Limetten kann man verschieden verwenden: Mit einem Spieß oder einer Stopfnadel durchlöchern und ganz mitkochen. Oder zerkleinern, zerdrücken oder mahlen. Mit dem Pulver kann man z.B. Reis würzen.

Zubereitungszeit: 45 Min.
Pro Portion ca.: 185 kcal

Zutaten für 4 Personen:
500 g Möhren
5 getrocknete Limetten
3 EL Olivenöl
1 grüne Chilischote
1 frische Limette
2 Nilbarschfilets à ca. 200 g (ersatzweise Viktoriabarsch)
1/2 TL Currypulver
Salz

Die Möhren putzen und längs halbieren. Die Hälften in etwa 5 mm dicke und 6 cm lange Streifen schneiden. Die getrockneten Limetten mit einem Spieß anpieksen.

Öl und etwas Wasser in einen Schmortopf gießen, Möhrenstücke und Limetten dazugeben und bei mittlerer Hitze zugedeckt etwa 15 Min. garen.

Inzwischen die Chilischote entkernen und in kleine Ringe schneiden. Die frische Limette auspressen. Den Fisch in etwa 7 cm dicke Scheiben schneiden, in den Schmortopf geben und zugedeckt 10 Min. mitgaren. Currypulver dazugeben und mehrmals schwenken, salzen.

Auf einer Platte die Möhren anrichten und den Fisch darauf setzen. Mit den Chiliringen bestreuen und mit den getrockneten Limetten dekorieren. Limettensaft separat dazu reichen.

Variante
Tunfisch in würziger Sauce

3 gewürfelte Zwiebeln, 4 klein geschnittene Knoblauchzehen und 2 Stücke Zimtrinde in 3 EL Öl anbraten. Mit 1/2 TL Pfeffer und je 1 TL Kreuzkümmel, gemahlenem Ingwer sowie rosenscharfem Paprika würzen. 2 gewürfelte Paprikaschoten und 2 gehackte scharfe Peperoni sowie Würfel von 4 gehäuteten Tomaten unterrühren und 5 Min. garen. Tomatenmark mit 1/8 l Wasser verrühren, untermischen und noch 5 Min. garen. Salzen und gehackte Petersilie einrühren. 800 g Tunfischsteaks in die Sauce legen, mit 3 EL Öl beträufeln und bei schwacher Hitze zugedeckt 20–30 Min. garen, einmal wenden.

TIPP

Natürlich können Sie den Barsch durch jeden festfleischigen Fisch ersetzen. Gut geeignet ist z.B. Zander.

Nilbarsch ist auch als Viktoriabarsch bekannt, weil er im Viktoriasee angesiedelt wurde. Er hat weißes, festes Fleisch und schmeckt ähnlich wie der europäische Barsch.

Seewolf mit Sesamkruste

Zubereitungszeit: 30 Min.
Pro Portion ca.: 495 kcal

Zutaten für 4 Personen:
4 Seewolffilets à ca. 160 g
4 EL Zitronensaft
Salz, Pfeffer, 2 Eiweiße
50 g weiße Sesamsamen
80 ml Olivenöl

Die Seewolffilets pfeffern, mit Zitronensaft beträufeln und salzen. Die Eiweiße zu festem Schnee schlagen. Auf einem flachen Teller die Sesamsamen ausbreiten. Die Fischfilets durch den Eischnee ziehen, im Sesam wälzen und die Samen andrücken.

Das Olivenöl in einer Pfanne erhitzen und den Seewolf von beiden Seiten goldbraun braten. Auf Küchenpapier entfetten.

Granatapfelsauce

Zubereitungszeit: 40 Min.
Pro Portion ca.: 75 kcal

Zutaten für 4 Personen:
2 Granatäpfel, 1 Apfel
2 TL Zitronensaft
3 TL brauner Zucker

Die Granatäpfel halbieren. Die Kerne mit einem Löffel herauslösen. Die Granatapfelkerne in einem Sieb auspressen (Kartoffelstampfer), den Saft auffangen.

Den Apfel schälen, entkernen und in feine Würfel schneiden. Mit dem Granatapfelsaft, dem Zitronensaft, 80 ml Wasser und dem Zucker in einen Topf geben und verrühren. Die Sauce 15–20 Min. köcheln lassen, bis sie dickflüssig ist.

Apfelchips

Zubereitungszeit: 30 Min.
Zeit zum Trocknen: 24 Std.
Pro Portion ca.: 60 kcal

Zutaten für 4 Personen:
500 g rote Äpfel
4 EL Zitronensaft
Backpapier für das Blech

Die Äpfel putzen und in hauchdünne Scheiben schneiden. 1 l Wasser mit Zitronensaft mischen und die Äpfel hineinlegen, damit sie nicht braun werden. Auf Backpapier auf ein Blech verteilen und im Backofen bei 40–50° etwa 24 Std. trocknen lassen.

Ausgekühlte Chips luftdicht und trocken lagern. Sie eignen sich gut zum Anrichten. Mit Zucker und Zimt oder mit Garam Masala bestreut sind sie eine beliebte Knabberei.

TIPP

Diese Gerichte eignen sich gut für ein festliches Menü (Seite 221). Dazu passt Reis. Sie können noch ein Selleriegemüse dazu servieren, wofür 300 g Staudenselleriestücke in Salzwasser blanchiert, dann in Butter geschwenkt und mit Salz und Pfeffer gewürzt werden.

Den Seewolf mit Reis, Staudensellerie und Granatapfelsauce anrichten. Dekorativ dazu sind die Apfelchips.

Orientalische *Architektur*

Die Mauern einer Stadt sind oft über Treppen und Rundgänge begehbar, von denen man Einblicke erhält in die alltägliche Welt der Bewohner. Fast zu jedem Haus gehört eine mit Beschlägen und Ornamenten kunstvoll verzierte Eingangstür.

Das Licht des Orients war es, das die deutschen Maler Paul Klee und August Macke Anfang des 20. Jahrhunderts ins damals noch ferne Tunesien zog, ein Licht voller Klarheit und Brillanz. In der ungeschützten orientalischen Landschaft kann das Licht zur tödlichen Bedrohung werden; als angenehm empfinden wir es hier erst, wenn es gebrochen wird, in sanften Sanddünen, kühlen Palmhainen oder Gebäuden.

Ein Dach über dem Kopf baut sich der Mensch zunächst als Schutz vor der unbarmherzigen Natur. Erst die Kultur schafft Architektur, die Kultur der Religionen wie die des Alltags. Im Orient leben beide, die Architektur der Moscheen wie die der Wohnhäuser, vom Licht.

Die Vielfalt der Formen der orientalischen Architektur ist unerschöpflich, ebenso der Reichtum an regional unterschiedlichen Bauelementen; so gibt es Säulenvorhallen im Iran, Holzerker in Kairo, überdachte Hofnischen im iranischen Raum. Sie alle aber sind durch Gemeinsamkeiten miteinander verbunden.

Nur für kurze Momente gelangen die Sonnenstrahlen bis in die engen Gassen und laden zur Ruhepause ein. Von links nach rechts: Taroudannt/Marokko, Mahia/Tunesien, Kairouan/Tunesien, Tarroudant/Marokko.

Städtische Architektur

Von außen muten orientalische Wohnstätten wie Felsen in der Landschaft an oder, in Städten, wie Teile der Stadtmauer. Den Eingang versperrt meist ein wuchtiges Tor. Seine kunstvollen Beschläge und sein aufwändiges Dekor sind die einzige Andeutung des Reichtums, der sich hinter den schlichten Fassaden verbergen kann. Die Farben sind es, die die Außenfassade wohltuend unterbrechen, die Farben des Orients, blau, ocker, gelb oder türkis.
Wenn sich eine solche Tür öffnet, dann kann man meinen, in ein Paradies einzutreten. Verschwunden ist die flirrende Hitze, die einem eben noch zu schaffen gemacht hatte. Ein großzügiger Innenhof breitet sich aus, oft üppig verziert mit Schnitzereien oder Mosaiken, mit plätschernden Brunnen, bunten Blumenbeeten, blühenden Bougainvillea. Dahinter das Wohnhaus, luftig gebaut und einladend.

Drinnen eine kühle Halle, sparsam möbliert, ein paar Truhen und Sitzkissen an den Wänden. Bögen öffnen die Zugänge zu Nebenräumen, das grelle Sonnenlicht wird durch geschnitzte Holzgitter vor den Fenstern gedämpft. In der wohltuenden, ange-

Kunstvoll verzierte Holzerker in Mahdia (Tunesien) schützen vor der grellen Sonne und bringen frische Luft ins Haus.

Blick auf Zaghouan/Tunesien.

Vor dem Eingang einer Moschee in Tiznit (Marokko) nehmen sich Männer Zeit für ein Gespräch.

nehmen Atmosphäre laden bunte Teppiche und Sitzkissen ein, sich niederzulassen. Die Dächer sind flach und bilden wegen der dichten Bauweise oft eine weitläufige begehbare Fläche. Sie dienen im Sommer auch als »Freiluftschlafplatz« für die ganze Familie, sind aber traditionell die Domäne der Frauen. Hier können sie sich freier bewegen als in der Öffentlichkeit, können sich treffen und ungestört Hausarbeiten verrichten.
Das arabische Haus ist der Zufluchtsort, wohin man sich zurückziehen und Schutz finden kann. Nicht ohne Grund benutzen die Araber für die Begriffe »Familie« und »Haus« ein Wort: *al-bait*. Diskretion gegenüber der Welt der Familie und der Frauen ist oberstes Gebot. Besucher haben sich an ein Eintrittszeremoniell zu halten. Man kündigt sich an, klopft an und wartet, bis man ins Innere geführt wird. Das gilt vor allem für den Mann, er sollte nie ohne Begleitung eines männlichen Familienmitglieds eintreten.

Der Harem

Traditionell gibt es in orientalischen Häusern einen »öffentlichen« Bereich, in dem der Hausherr Freunde und Besucher empfängt. Er heißt *selamlik*. Der abgeschirmte Teil jedes Hauses, in dem die Frauen, Kinder und Dienstboten leben, heißt Harem oder *haremlik*. Die Trennung der Häuser in einen öffentlichen Raum für Gäste und in einen abgeschirmten für die Familie gab es schon in den Zelten der Nomaden.
Es gibt nur wenige arabische Wörter, die bei uns mit ähnlich vielen Klischees besetzt sind wie der Harem. Wir assoziieren damit die ganze plüschige, pracht- und gefahrvolle Welt aus 1001 Nacht. Das arabische Wort wird im Westen oft missverstanden. Harem oder *haram* bezeichnet ganz generell einen geweihten, geschützten und auch verbotenen Ort. Auch die heiligen Gebiete von Mekka und Medina sind *haram* im Sinn von »heilig«.
Die 1001-Nacht-Vorstellungen der westlichen Welt waren vor allem geprägt durch die großen, prächtigen Harems in den Palästen der Herrscher. Künstler ließen ihre Fantasie spielen und uns in üppigen Gemälden am Leben dort teilhaben und manche Dichter holten sich hier ihren Stoff für abenteuerliche Romane und herzzerreißende Gedichte. Doppelt erregend war die Tatsache, dass Männer nicht hinein durften. Auch der Sultan selbst hatte sich anzukündigen, wenn er den Damen einen Besuch abstattete. Die wenigen Männer, die außer dem Sultan in den Harem konnten, hatten einen hohen Preis gezahlt: ihre Männlichkeit. Nur Eunuchen durften den Serail bewachen.
Im Harem herschten eine strenge Hierarchie und Konkurrenz. Dem Sultan einen Sohn gebären, bedeutete den größtmöglichen sozialen Aufstieg. Die Mutter dieses Padischah war die absolute Chefin des bis zu 1500 Frauen zählenden Ghettos. Es war eben ein Leben in einem Käfig, allerdings einem vergoldeten.
Der letzte Harem schloss vor fast 100 Jahren seine Tore, wenngleich die Polygamie in einigen arabischen Staaten nach wie vor erlaubt ist.

Hammam – das arabische oder türkische Bad

Der zweite Ort, an dem sich die Fantasie der Europäer entzündete, ist das Hammam. Ein Ort für vollkommene Entspannung und Genuss – und schwüle Erotik, glaubt man den Fresken alter Badehäuser oder liest manche Verse klassischer arabischer Literatur. Doch auch hier sind seit jeher die Geschlechter stets strikt getrennt. Das Hammam spielt bis heute bei vielen Zeremonien eine Rolle. Es wird nicht nur für die große Waschung vor dem Freitagsgebet genutzt. Werdende Mütter besuchen sie zur Vorbereitung der Geburt, Knaben vor ihrer Beschneidung und Bräute während der Vermählungsfeierlichkeiten. Im Alltag ist es aber einfach ein Ort der Entspannung und der Kommunikation.
Den Kernbereich jeden Badehauses bildet der Dampfraum. Sein Fussboden ist meist beheizt. In Nischen am Rande gibt es Waschbecken mit frischem Wasser und niedrige Marmorbänke, auf denen man sich ausruht. Der heißeste Ort ist ein Podest in der Mitte, auf dem man vom Masseur geschrubbt und massiert wird. Der Gast bekommt beim Eintritt vom Bademeister Sandalen, Seife und Handtücher gereicht. Nach den Waschungen und Massagen wird er im wohltemperierten Ankleideraum in warme, duftende Tücher gehüllt und bekommt Kaffee, Tee oder eine Wasserpfeife serviert. Es gibt kaum etwas Wohltuenderes als einen Besuch im Hammam.

Lieblingsbeschäftigung zahlreicher Stadtkatzen: Dösen in der Sonne.

Eintauchen in eine wundersame Welt voller Farben, Formen, das Spiel von Licht und Schatten … nirgendwo anders kann man das so intensiv erleben wie in den Altstadtvierteln orientalischer Städte.

Kacheln und Mosaiken

Früher wurde meist mit ungebrannten Lehmziegeln gebaut, anderes Baumaterial stand kaum zur Verfügung. Um die Ziegelbauwerke vor Verwitterung zu bewahren, überzog man die Außenflächen mit Kacheln, die dann in den vielfältigsten Formen bemalt (Fayencen) oder auch farbig glasiert wurden. In einer komplizierten Prozedur wurden die farbigen Kacheln dann mit speziellen Werkzeugen nach einem vorgezeichneten Muster geschnitten und zu Mosaiken zusammengesetzt. Prächtige Fayencemosaiken an Fassaden, Innenräumen und Kuppeln vieler Moscheen zeugen vom Können der Handwerker früherer Jahrhunderte.

Moscheen

Ein schlankes, oft bleistiftspitzes, hohes Minarett, und ein von außen wuchtiger Kuppelbau – zwei Bauelemente, wie sie verschiedenartiger kaum sein können, bilden eine Einheit. Auch hier ein Innenhof mit schattigen Säulengängen und einem Brunnen für die rituelle Reinigung vor dem Gebet. Der Gebetsraum selbst ist eine oft riesige Säulenhalle mit hölzerner Predigtkanzel und Gebetsnische, die den Gläubigen die Richtung nach Mekka weist. Meist mit Teppichen ausgelegt sind diese Orte Oasen der Ruhe in den hektischen lauten Innenstädten und nicht nur zum Gebet geöffnet. Außerhalb der Gebetszeiten können sich hier auch ruhesuchende Touristen aufhalten, wenn sie bestimmte Regeln einhalten.

Die orientalische Altstadt

Die orientalische Altstadt erscheint, von außen betrachtet, wie ein zusammenhängendes Ganzes, in dem einzelne Häuser, Straßen und Gassen kaum auszumachen sind. Auch hier gibt es eine überraschende Diskrepanz zwischen Außen- und Innensicht. Hat man erst einmal das mächtige Stadttor passiert, befindet man sich in einer komplizierten Welt von überdachten Straßen und Gassen, die nur eins im Sinn zu haben scheinen: Den Besucher in das quirlige Leben orientalischer Städte hineinzuziehen und seine Kauflust anzuregen.

Ein besonderes Element dieser Innenwelt der Städte ist die Sackgasse. Sie ist ist eine Mischung aus privatem und öffentlichem Raum und so »Gemeinschaftseigentum« der Anwohner. Diese Sackgassen verleihen den Städten ihren »typisch orientalischen« Charakter. (Nagib Machfus beschreibt in seinem Buch »Die Midaq-Gasse« das Leben in der Altstadt von Kairo.)

Aus Lehmziegeln gebaute Häuser im Hohen Atlas von Marokko passen sich perfekt der Landschaft an. Sie müssen immer wieder ausgebessert werden, denn das Baumaterial ist nicht sehr dauerhaft.

In den Städten sind die Läden ganztägig geöffnet und bieten neben Lebensmitteln alle Gegenstände des täglichen Bedarfs zum Kauf an wie hier im tunesischen Hammamet.

Folgende Doppelseite: Wind, Sand und Sonne haben einen Hauseingang in Oum El Alek/Marokko »bearbeitet«. Die aufgemalte Hausnummer in der Handschrift des Besitzers wirkt wie eine Signatur.

In Marokko werden oft Brunnen mit diesen landestypischen Kachelmosaiken geschmückt.

Blick durch ein Stadttor auf eine Moschee in Kairouan/Tunesien.

38

Während Gott den Menschen aus Tonerde formte, so erzählt man, fielen zwei Klümpchen zu Boden. Aus dem einen wurde eine Dattelpalme, aus dem anderen ein Kamel. Kann man die Bedeutung dieser beiden Lebewesen für den Menschen in der Wüste noch deutlicher darstellen als in dieser frommen Legende? Wohl kaum.

Die Wüste

Die Wüste – *extremer Lebensraum*

Andere Länder, andere Verkehrszeichen. Vor Dromedaren zu warnen, ist auf dieser tunesischen Wüstenstraße sinnvoll: Manchmal überqueren große Herden die Autostraße.

Der Urlauber, der in 12.000 Metern Höhe über nordafrikanische Länder fliegt, muss schon sehr genau aufpassen, will er etwas von Besiedlung und Zivilisation mitbekommen. Der schmale grüne Küstenstreifen ist schon nach wenigen Minuten überflogen. Was dann für Stunden folgt, sind flimmernde hellbraune Wüstenflächen, in denen, wie es von oben scheint, kein Leben möglich ist. Der allergrößte Teil dieser Länder besteht aus Sand und Felsen.
Doch in den vergangenen Jahrtausenden haben die Menschen gelernt, die Herausforderungen auch dieser Natur anzunehmen und ihre Gegebenheiten zu nutzen.

Karawanenstraßen

Auf den wichtigen Handelswegen durch die Wüsten transportierten große Karawanen Kostbarkeiten wie Salz, Seide und exotische Gewürze. Ganz im Westen zogen sie von Marrakesch bis nach Mali. Eine andere Route begann in Tunis und führte über Ghadamis am Hoggar-Gebirge vorbei bis nach Gao am Niger.
Oasen mit ihren Wasserquellen und ihrer Schatten spendenden Vegetation machten das Überleben auf den langen Wüstenrouten erst möglich. Viele haben sich von einfachen Rastplätzen an langen Wüstenpisten zu blühenden Handelsstädten und kulturellen Hochburgen entwickelt. So gilt die syrische Hauptstadt Damaskus heute als viertheiligste Stadt des Islam. Schließlich hielt sich der Prophet in dieser Großoase am Baradafluss ganz besonders gern auf. Bereits im Mittelalter war der »Diamant der Wüste« Zentrum des damaligen Pferdehandels. Die Zeit der großen Fernkarawanen ist seit dem Siegeszug des Autos vorbei. Heute sind nur noch zwei Kamelrouten von Bedeutung: Die »Assalai« in Mali und »Tarhalamt« in Niger. Beide dienen vor allem dem Salzhandel. Berühmt waren die Pilgerkarawanen von Kairo bzw. von Damaskus nach Mekka. Zehntausende von Menschen und Tieren waren daran beteiligt. An die Tradition dieser Karawanen erinnert indirekt noch der Kamelmarkt im Kairoer Stadtteil Imbaba.

Das Kamel – unersetzlich in der Wüste

Ohne das Kamel, das endlose Wüstenstrecken mit einer einzigen »Tankfüllung« schafft und dem dank seiner hervorragend angepassten Organe kaum ein Sandsturm etwas anhaben kann, gäbe es keine Karawanenstraßen, keinen Handel und keinen kulturellen Austausch.
In Nordafrika und Arabien ist das einhöckrige Dromedar (*Camelus dromedarius*) heimisch. Die Tiere sind wie geschaffen für das extreme Klima. Sie können in heißen Trockenzeiten ihre Körpertemperatur auf 46° ansteigen lassen. Dann schwitzen sie weniger und verlieren damit weniger Wasser. Beim Trinken wird das Wasser in den Gewebezellen und im Blutkreislauf abgelagert. Ihre roten Blutkörperchen können sich dabei auf das 240fache ihres Volumens ausdehnen. Unterwegs zehren die Tiere an diesem Vorrat und verlieren dabei bis zu ein Viertel ihres Gewichts, ohne Schaden zu nehmen. Nach solchen Touren brauchen sie viel Zeit, um sich wieder davon zu erholen.
Für Nomaden ist das Kamel unersetzlich. Sein ganzes langes Leben über ist es ein robustes Transportmittel und Lieferant von mineralstoff- und vitaminreicher Milch. Der Dung dient getrocknet als Heizmaterial. Später sichert das Fleisch für Wochen die Ernährung. Die Haut wird zu Gürteln, Taschen und Schuhen verarbeitet und selbst die Haare haben noch hohen Gebrauchswert: Aus ihnen werden Zeltstoffe und Decken von hoher Qualität hergestellt.

Vom Winterlager zur Sommerweide

Seit Menschengedenken leben diese Völker am Rand der Wüste von der Viehzucht. Sie wandern mit ihren Herden und den Kamelen vom Winterlager zu den Sommerweiden.

oben: Ziegenhirte am Rand einer Salzwüste zwischen Douz und Tozeur in Tunesien.
rechts: Drei Wüstentiere im Porträt.

Am Rand der Sahara im tunesischen Zaafrane warten einige Dromedare auf Touristen.

Eingang zur Höhlenwohnung. Drinnen geht's recht komfortabel zu.

Die blaue Hand, ein Symbol, das vor Unglück schützen soll.

Die Wohnhöhlen von Matmata in Tunesien sind heute eine Touristenattraktion. Die Bauweise sorgt im Sommer für kühle Temperaturen, im Winter dagegen wird die Kälte abgehalten.

Die 12-jährige Samia vor der Tür ihres Höhlenhauses.

Orangenschalen, zum Trocknen aufgehängt. Sie duften gut und vertreiben Insekten.

In einer kühlen Ecke steht ein großes Tongefäß mit dem Wasservorrat.

Der palästinensische Ziegenhirte ist Herr über 120 Ziegen.

Auf einem kleinen marokkanischen Markt am Rand der Wüste. Es werden viele Gemüsesorten angeboten und sogar die passenden Kochtöpfe dazu.

Im Sommerlager leben die Nomaden in Zelten, in denen es wie bei den Stadtwohnungen getrennt zugeht: Der Frauenbereich dient zugleich der Versorgung der Familie, während der andere, öffentliche Bereich den Männern vorbehalten ist. Hier werden auch die Gäste empfangen..

Gekocht wird auf offenem Feuer im Freien, der Topf steht auf einem Dreifuß. In der Nähe der Feuerstelle stehen auch das runde Blech zum Brotbacken und der Samowar für den Tee.

Die Ernährung ist recht einfach: Reis, Weizen, Kartoffeln, Gemüse, Käse, Butter, Datteln und Fladenbrot sind die Grundnahrungsmittel. Fleisch gibt es selten, nur wenn aus irgendeinem Grund Tiere geschlachtet werden müssen.

Die sprichwörtliche orientalische Gastfreundschaft gehört zu den Grundwerten der Nomadenvölker. Sie ist überlebenswichtig in dieser unwirtlichen Landschaft. Die Tradition schreibt vor, Besuchern für drei Tage Unterkunft und Verpflegung zu gewähren.

Unter wohlhabenden Gastgebern gehörte es zum guten Ton, Gäste mit einem rituell geschlachteten Schaf oder Kamel zu bewirten. Üblicher ist sicher ein Huhn oder gefülltes Fladenbrot, Datteln und dazu gesüßter Kaffee oder Tee.

Moderne Zeiten haben auch die Wüstengebiete erreicht. Es gibt Fernsehen und Internet. Auch tragen die Kamele heute keine Gewürze oder Seidenstoffe über Tausende von Kilometern durch den Sand, sondern stattdessen Touristen zur nächsten Oase und wieder zurück. Die Besucher erhoffen sich, bei solchen Ausritten Stille und Einsamkeit der Wüste zu erfahren. Für den arabischen Fremdenführer, dessen Vorfahren als Nomaden umherzogen, ist die Wüste in erster Linie der Lebensraum, in dem er seinen Unterhalt verdient. Er orientiert sich jedoch heute nicht mehr an Weiden und Wasservorkommen, sondern an den Touristenströmen, die ihm mal mehr mal weniger beschert werden.

Der Chott el-Jerid ist der größte Salzsee der Sahara. Nur wenige Stellen wie hier nahe Kebili haben Wasser.

Nächtliche Wüstenwanderung

Vor einer Stunde ist die Sonne untergegangen, viel zu schnell für unser Gefühl. Denn für heute Abend haben wir unser ganz privates Abenteuer geplant. Wir wollen vom Wüstenhotel Zaafrane aus hineinmarschieren in die Wüste, einfach einen Abendspaziergang unternehmen – wir ganz allein.

Schon nach wenigen hundert Schritten verlieren wir den festen Boden unter den Füßen. Im tiefen Sand werden die Schritte kürzer und anstrengender, die Lichter des Hotels hinter uns kleiner. Im Sternenlicht erkennen wir kleine Palmenhaine und helle Hügel und staunen über die Anpassungsfähigkeit unserer Augen.

Wir besteigen eine der Sanddünen, die wir bereits vom Tage her kennen. Rechts von uns schimmert der Himmel orangerot und wenig später sehen wir die dazugehörigen Lichtpunkte. Ein winziges Dorf, Es Sabria, 18 Kilometer entfernt, leuchtet wie eine Großstadt.

Wir stehen auf der Anhöhe und frösteln. Die absolute Stille wirkt unheimlich, auch der feine Sand unter den Füßen verursacht kein Geräusch. Plötzlich werden uns die Abertausenden glitzernden Lichtpunkte am Nachthimmel bewusst. Hier in der Einsamkeit von Zaafrane ahnen wir etwas von der Unendlichkeit des Weltalls.

In einem Anflug von Unsicherheit sehen wir uns nach unserem kleinen Leitstern, dem beleuchteten Hotel, um und erschrecken, als wir ihn nicht mehr entdecken.

Doch nach wenigen Minuten löst sich die Spannung: Von der nächsten Düne aus besteht wieder Sichtkontakt.

Vor uns jetzt ein Bild von grandioser Schönheit: die unendliche Weite der Sahara. Und in der Ferne trifft das leuchtende Sternenmeer auf die hell schimmernden Sandflächen. Wir stehen am Ufer eines riesigen Ozeans.

Als wir zurückgehen, kommt leiser Wind auf. Vielleicht wehte er schon die ganze Zeit und wir haben ihn nicht wahrgenommen. Vielleicht sind aber auch unsere Sinne geschärft.

Wie ein Bildband, den wir zurückblättern, kommen uns auf dem Rückweg die einzelnen Stationen unserer Wanderung vor. Das Hotellicht ständig im Auge verliert der Himmel rasch an Leuchtkraft: Nur noch wenige Fixsterne leuchten, der Rest ist schwarze Nacht.

Die Hotelhalle ist leer, als wir ankommen. Waren wir lange fort oder kam es uns nur so vor?

Durch die Hotelhalle tönt eine Stimme, die uns bekannt vorkommt »Harry, jetzt nicht«, flüstert da jemand auf Deutsch ... »Noch nicht!« – und dann ein Schuss. Der Nachtwächter hinter der Rezeption fährt hoch und reicht uns den Zimmerschlüssel. In dem kleinen Fernsehapparat vor ihm läuft »Derrick« – mit arabischen Untertiteln.

oben links: Akkurat in Reih und Glied stehen die Olivenbäume auf einer Plantage nahe der tunesischen Stadt Takrouna.
Mitte: Hart und bitter sind die Oliven bei der Ernte.
rechts: Tunesische Frau in Beduinentracht bei der Ernte.

Alte Ölmühle bei Matmata/Tunesien, die heute noch in Betrieb ist. Wie auf der Wandbemalung dreht ein Esel den Mühlstein über die Oliven. Das Öl kann nach unten abfließen und wird in Behältern gesammelt.

Der Ölbaum –
ein Baum mit Geschichte

Mit Ehrfurcht steht man vor einem Jahrhunderte alten, ausladenden, knorrigen Olivenbaum. Man kann seine Lebenskraft spüren, vielleicht auch daraus schöpfen. Und gut verstehen, dass Olivenbäume immer hoch verehrt und geschützt wurden.

Schon vor mehr als 8.000 Jahren wurden in Syrien, Palästina sowie auf Kreta Olivenbäume angebaut und deren Früchte genutzt. Phönizische Händler sorgten für ihre Verbreitung und heute wird die Olive im gesamten Mittelmeerraum kultiviert. In Tunesien und Marokko sowie in Syrien und in der Türkei, die der fünftgrößte Olivenöl-Produzent der Welt ist, wird sie in Monokulturen angebaut. Kleinbäuerlichen Anbau findet man überall.

Die Sortenvielfalt ist groß, sie reicht von ganz winzigen Früchten, die fast nur aus Kern bestehen, bis zu großen, dickfleischigen, die meist als Speiseoliven auf den Markt kommen. Oliven verfärben sich während der Reifezeit von grün über rosa-violett bis schwarz. Geerntet wird im Spätherbst, die Ernte kann den ganzen Winter hindurch dauern. Frisch vom Baum sind Oliven allerdings ungenießbar. Sie werden erst in Lauge eingelegt, die ihnen die Bitterstoffe entzieht, dann mehrere Monate lang in einer Lake aus Salz und Kräutern, manchmal auch unter Zusatz von Wein, Zitronensaft oder Olivenöl, mariniert. Der größte Teil der Olivenernte allerdings wird zu Öl verarbeitet. In den meisten Anbauländern ist das ein wichtiger Wirtschaftsfaktor, ganze Industrien leben davon (in Tunesien z.B. 20 % der arbeitenden Bevölkerung). 5 kg Früchte ergeben 1 l Öl, die dunklen, reifen Oliven sind am ergiebigsten. Geschmack, Säuregehalt und Farbe des Öls sind abhängig von der Anbauregion, dem Reifegrad der Oliven und der Verarbeitung.

In den Küchen der Türkei, in Tunesien und Libyen hat Olivenöl eine herausragende Bedeutung; bei manchen Gerichten empfinden wir Mitteleuropäer den Einsatz des Öls vielleicht als verschwenderisch. Ernährungswissenschaftler geben aber den Menschen in diesen Regionen recht, weiß man doch inzwischen um den Einfluss des Olivenöls auf unser Wohlbefinden. Und auch in der Schönheits- und Krankenpflege findet es seit Altersher Verwendung. In Aleppo/Syrien wird z.B. seit Jahrhunderten eine Olivenseife hergestellt.

In Jahrhunderten erprobte Technik: Die gesammelten Oliven werden in die Luft geworfen, der Wind weht die Abfälle fort.

Diese kleinen Oliven werden hauptsächlich zur Ölgewinnung verwendet.

Eingelegte Oliven mit Feta

500 g Fetakäse in Würfel schneiden und mit 400 g Chilischoten und 800 g gemischten Oliven in Einmachgläser verteilen. Mit Olivenöl (etwa 2 l) auffüllen. Die Oliven etwa 1 Woche ziehen lassen.

Eingelegte Oliven mit Feta sind nur ein Beispiel für viele Gerichte, die man aus den »unglaublichen« Oliven zubereiten kann.

Grüne Oliven mit Koriander

500 g grüne Oliven abspülen, mit einem Nudelholz oder Fleischklopfer leicht anschlagen, damit sie aufplatzen. 1 EL Koriandersamen im Mörser grob zerstoßen. 1 kleine unbehandelte Zitrone in Scheiben schneiden. Oliven mit 4 geschälten Knoblauchzehen, Koriander und Zitronenscheiben in ein Glas füllen. Mit Olivenöl auffüllen und vor Gebrauch 2 Wochen durchziehen lassen.

Schwarze Oliven mit Fenchel

500 g schwarze Oliven in Salzlake abgießen, abspülen. 1 EL Piment grob zerstoßen, mit 1 EL Fenchelsamen, 3 Lorbeerblättern und den Oliven in ein Glas füllen. Mit Olivenöl auffüllen und vor Gebrauch 2 Wochen durchziehen lassen.

Oliven-Granatapfel-Salat

2 große Granatäpfel halbieren, die Kerne herauslösen. 125 g grüne Oliven ohne Kerne, 1 Bund Koriandergrün, 6 Frühlingszwiebeln und 125 g Walnüsse grob hacken und miteinader mischen. Eine Sauce aus 1 1/2 EL Zitronensaft, 3 EL Olivenöl, Salz und Pfeffer unterheben.

In jedem türkischem *Lebensmittelladen gibt es einen Fertigteig zu kaufen, den man als essbares »Einwickelpapier« für Häppchen verwendet. Er läuft unter verschiedenen Bezeichnungen: Yufka, Filo oder Boreki. Immer bekommt man dünne dreieckige, quadratische oder runde Teigplatten, eingeschweißt oder tiefgefroren.*

Den gefüllten Teig zu Taschen oder, wie hier, Röllchen verarbeiten. Wenn man ihn vor dem Backen mit Fett bepinselt, wird er knuspriger.

Yufkateigtaschen

Teig verarbeiten
Den Teig kauft man in verschiedenen Formen: der vorgeschnittene runde oder dreieckige Yufka ist etwas dicker. Hiervon nimmt man jeweils 1 Blatt, setzt Füllung darauf und formt das Blatt zu Röllchen (»Zigarren«), Dreiecken oder Halbmonden. Die Ränder müssen vorher mit Ei bepinselt werden, damit sie zusammenhalten.

Den großen Filoteig behandelt man etwas anders: Hier werden die Teigblätter mit Fett bepinselt, mehrere aufeinandergelegt und zurechtgeschnitten. Jeweils 1 Teigpäckchen als Ganzes füllen und falten. Die Hülle besteht in diesem Fall aus mehreren Teigblättern.

Spinat-Feta-Füllung

Zubereitungszeit: 10 Min.
Insgesamt ca.: 245 kcal

Zutaten für 4 Personen:
100 g Blattspinat
100 g Fetakäse, Pfeffer

Den Spinat gut waschen und putzen. Den Käse und den Spinat hacken, leicht pfeffern und locker mischen. Die Teigblätter vorbereiten, füllen und backen (siehe oben).

Hackfleisch-Füllung

Zubereitungszeit: 5 Min.
Insgesamt ca.: 200 kcal

Zutaten für 4 Personen:
100 g mageres Lammhackfleisch
1 EL Öl, Salz, Pfeffer
Za'atar oder Oregano

Das Hackfleisch mit dem Öl gut mischen und nach Geschmack würzen. Die Teigblätter vorbereiten, füllen und backen (siehe links).

Honig-Nuss-Füllung

Zubereitungszeit: 5 Min.
Insgesamt ca.: 465 kcal

Zutaten für 4 Personen:
50 g Walnusskerne
4 EL flüssiger Honig
1 Prise Paprikapulver, edelsüß

Die Nüsse fein hacken und mit dem Honig und Paprika gründlich vermengen. Die Teigblätter vorbereiten, füllen und backen (siehe links).

Teigtaschen zubereiten
Die fertigen Taschen auf ein gefettetes Backblech setzen. Mit Öl bepinseln, nach Belieben mit Sesam bestreuen. Im vorgeheizten Backofen bei 180° (Mitte, Umluft 160°) 20 Min. backen.

TIPP

Im Kühlschrank hält der Teig sich wochenlang, doch wenn man ihn einmal ausgepackt hat, trocknet er schnell aus. Reste sollte man daher mit einem feuchten Tuch bedeckt aufbewahren.

Eingelegter Labaneh

Zubereitungszeit: 20 Min.
Ruhezeit: 24 Std.
Pro Portion ca.: 160 kcal

Zutaten für 4 Personen:
1 kg griechischer Joghurt
1 TL Salz

Zum Einlegen:
8 Knoblauchzehen
1 Zweig Oregano oder Estragon
3 Chilischoten
1 Zwiebel
400 ml Olivenöl zum Auffüllen

Ein Sieb mit einem Küchentuch auslegen. Den Joghurt mit dem Salz gut verrühren.

Die Joghurtmasse in das Tuch geben. Das Tuch an den Enden schließen, das Sieb über eine große Schüssel hängen und 10–12 Std. stehen lassen.

Den Labaneh zu 3 cm großen Bällchen formen und auf ein Küchentuch legen.

Die Knoblauchzehen ungeschält leicht zerdrücken. Den Kräuterzweig waschen. Die Chilischoten seitlich einritzen. Die Zwiebel schälen und vierteln. Alles mit den Labanehbällchen in ein Einmachglas (1 l Inhalt) schichten. Mit Olivenöl bedecken. Mindestens 24 Std. ziehen lassen. Im Kühlschrank aufbewahren.

TIPP

Streichen Sie den frischen Labaneh mit etwas Olivenöl aufs Brot und reichen Sie Oliven dazu.

Salzzitronen

Zubereitungszeit: 30 Min.
Ruhezeiten: 4 Wochen
Pro Stück ca.: 12 kcal

Zutaten für 4 Stück:
5 unbehandelte Zitronen (mittelgroß oder 8 kleine)
Salz

4 Zitronen heiß waschen und mit einer Bürste abreiben. In ein großes Einmachglas legen und mit kaltem Wasser bedecken. 2–4 Tage stehen lassen.

Die Zitronen herausnehmen, das Wasser abgießen. Die Zitronen viermal ein-, aber nicht durchschneiden. Etwas auseinanderdrücken, mit je 1 EL Salz bestreuen und in das Glas geben.

Die letzte Zitrone auspressen. Den Saft und noch 1 EL Salz ins Glas geben. Die Zitronen mit kochendem Wasser bedecken. Das Glas schließen und 3–4 Wochen ziehen lassen. Die Haltbarkeit beträgt ungeöffnet etwa 1 Jahr.

TIPPS

Vor Gebrauch die Zitronen abspülen.

Man verwendet die Salzzitrone als Ganzes, in Stücken oder nur die Schale. Sie passt gut zu Fisch und Fleischgerichten.

Gehen Sie mit dem Salzstreuer vorsichtig um, wenn Sie die Zitrone verwenden. Oft reicht der Salzgehalt der Zitrone allein schon aus, um das Essen zu würzen.

Die in Salzlake eingelegten Zitronen sind eine Spezialität aus Marokko.

Die Zubereitung *gefüllter Gemüse macht wenig Mühe. Sie werden warm oder kalt serviert und schmecken auch aufgewärmt sehr gut. Doch Vorsicht: Ist die Hitze dabei zu groß, können die Gemüse zerfallen.*

Mit einem scharfen Messer den Stiel vom Weinblatt entfernen. Dann etwas Füllung in die Mitte geben, die Seiten einklappen und das Blatt vom Stielende her vorsichtig aufrollen.

Gemischte gefüllte Gemüse

Zubereitungszeit: 1 Std.
Garzeit: 1 Std.
Pro Portion ca.: 260 kcal

Zutaten für 4 Personen:
3 Paprikaschoten
2 kleine Zucchini
2 kleinere Auberginen
4 eingelegte Weinblätter
1 Bund glatte Petersilie
600 g Lammhackfleisch
30 g Reis
1 Ei
1/2 TL Korianderpulver
1 TL Paprikapulver, rosenscharf
Salz
Pfeffer

Die Gemüse waschen. Von den Paprikaschoten einen Deckel abschneiden, die Kerne und Rippen entfernen. Zucchini und Auberginen halbieren und aushöhlen. Das Fruchtfleisch in kleine Stücke schneiden. Von den Weinblättern eventuell die Stiele abschneiden. Die Petersilie waschen, trockentupfen und die Blätter hacken.

Das Lammhack in eine große Schüssel geben und den Reis, das Fruchtfleisch von Zucchini und Auberginen, das Ei und die Gewürze dazugeben. Alles gut mischen.

Die Paprikaschoten mit Hackmasse füllen und mit dem Deckel verschließen. Zucchini- und Auberginenschiffe ebenfalls füllen, die passenden Hälften darauf klappen.

Die Weinblätter ausbreiten und je 1 1/2 EL Fleischmasse in die Mitten setzen. Mit der Stielseite beginnend aufwickeln und zu einem Päckchen falten.

Einen breiten Topf ca. 2 cm mit Wasser füllen und aufkochen lassen. Vorsichtig die einzelnen Gemüse nebeneinander hineinlegen. Bei schwacher Hitze zugedeckt etwa 1 Std. garen.

Die Gemüse leicht abtropfen lassen, auf einer Platte anrichten und mit der Petersilie bestreuen. Mit frischen Weinblättern verzieren.

Variante: Gefüllte Kohlblätter

Je 300 g Lamm- und Rinderhackfleisch mischen. 30 g Reis, 1/4 TL geriebene Muskatnuss, Salz und Pfeffer gut mit dem Fleisch mischen. 8 große Weißkohlblätter auf einer Arbeitsfläche ausbreiten, die dicken Blattrippen herausschneiden, die Mischung darauf verteilen und stramm einrollen. Wie oben beschrieben garen.

Pickles

zuzubereiten ist eine wichtige Methode, um Gemüse und Obst, die es in vielen Regionen in Hülle und Fülle gibt, für die kargen Zeiten zu konservieren. Auch Fleisch und Fisch werden so eingelegt. Gemüse kommt entweder einzeln oder in Kombinationen in die Lake; oft auch gefüllt. Der Essig wird aus Obst gewonnen, das Aroma geben die auch zum Kochen üblichen Kräuter und Gewürze.

Marinade

Zubreitungszeit: 20 Min.
Insgesamt ca.: 260 kcal

Zutaten für 1/2 l:
150 ml Essig
60 g Zucker, Salz
Kräuter nach Belieben
Pfefferkörner
2 Knoblauchzehen

Alle Zutaten mit 350 ml Wasser in einem Topf zum Kochen bringen. Etwa 10 Min. bei schwacher Hitze köcheln lassen. Heiß zum Aufgießen der Pickles verwenden.

Mixed Pickles

Zubereitungszeit: 45 Min.
Marinierzeit: 1 Woche
Pro Glas ca.: 320 kcal

Zutaten für 2 Einmachgläser:
2 rote Paprikaschoten
1/4 Weißkohl (ca. 400 g)
3 Möhren
200 g kleine Gürkchen
6 grüne Peperoni, Salz
1/2 l heiße Marinade

Die Gemüse waschen. Die Paprika putzen und in grobe Stücke schneiden. Den Weißkohl grob zerstückeln, entblättern und waschen. Die Möhren putzen, abschaben und mit dem Buntmesser in schräge grobe Scheiben schneiden.

Alles bis auf den Kohl 15 Min. in mild gesalzenem Wasser köcheln lassen. Dann den Kohl noch 5 Min. mitköcheln lassen. Gemüse herausnehmen, auf einem Sieb abtropfen lassen und in Einmachgläser verteilen. Mit heißer Marinade auffüllen, verschließen und mindestens 1 Woche ziehen lassen.

Die runden süßen Tomatenpaprika eignen sich besonders zum Einlegen.

Paprikapickles

Zubereitungszeit: 20 Min.
Marinierzeit: 1 Woche
Pro Glas ca.: 180 kcal

Zutaten für 2 Gläser:
500 g kleine Tomatenpaprika
1/2 l heiße Marinade

Die Paprika waschen und mit Stielen in kochendem Wasser 5 Min. sprudelnd kochen lassen. Auf sterilisierte Gläser verteilen und mit heißer Marinade auffüllen. Gut verschließen und mindestens 1 Woche ziehen lassen.

Eingelegte Auberginen

Zubereitungszeit: 20 Min.
Pro Glas ca.: 215 kcal

Zutaten für 2 Gläser:
500 g kleine Auberginen
6 Knoblauchzehen
150 ml Weißweinessig
60 g Zucker
3 kleine getrocknete Chilischoten

Die Auberginen waschen. Sehr kleine Früchte halbieren, größere in mundgerechte Stücke schneiden. Den Knoblauch schälen. Den Essig, den Zucker und die Chilischoten mit 350 ml Wasser 5 Min. aufkochen lassen.

Auberginen und Knoblauch 3–5 Min. mitkochen lassen. Die Auberginen sollten nicht zu weich werden.

Die Chilischoten entfernen. Auberginen und Knoblauch in saubere Twist-off-Gläser füllen und mit der heißen Marinade ganz bedecken. Die Gläser sofort verschließen.

Die Auberginen kann man gleich nach dem Abkühlen servieren, sie halten sich aber auch mehrere Wochen.

TIPP

Diese Zubereitungsmethode eignet sich für fast alle Gemüse. Wenn mehrere Sorten gemischt werden, sollten sie nacheinander entsprechend der jeweils benötigten Garzeit in der Marinade gekocht werden.

Eingelegte grüne Tomaten

Zubereitungszeit: 10 Min.
Marinierzeit: 1 Woche
Pro Glas ca.: 930 kcal

Zutaten für 2 Gläser:
500 g grüne Tomaten
8 Knoblauchzehen
1/2 l heiße Marinade
1/4 l Olivenöl
Salz

In einem Topf reichlich Wasser zum Kochen bringen. Die Tomaten waschen und 5 Min. sprudelnd kochen lassen. Herausnehmen und abtropfen lassen.

Den Knoblauch schälen und mit den Tomaten in sterile Einmachgläser geben. Mit der heißen Marinade auffüllen und Olivenöl darüber gießen. Die Gläser gut verschließen und etwa 1 Woche ziehen lassen.

Grüne Tomaten lässt man nachreifen – oder legt sie süßsauer ein.

Gemüse zu trocknen bedeutet mehr als sie nur zu konservieren: Die Gemüse haben einen intensiveren Geschmack selbst dann, wenn sie für die Zubereitung wieder in Wasser eingeweicht werden.

Das berühmteste *türkische Auberginengericht heißt »Imam bayıldı« – »den Imam hat's umgehauen.«. Auberginen werden zebraartig geschält und in Öl vorgebraten, dann eingeschnitten und mit einer Masse aus Zwiebelwürfeln, Tomatenwürfeln, Knoblauch, Petersilie und Dill sowie Salz gefüllt. Olivenöl und Wasser im Verhältnis 2:1 über die Auberginen in einer Form gießen und die Früchte 1 Std. schmoren.*

Gefüllte getrocknete Auberginen

Zubereitungszeit: 15 Min.
Garzeit: 30 Min.
Pro Portion ca.: 175 kcal

Zutaten für 4 Personen:
1 Kette getrocknete Auberginen
3 Stängel glatte Petersilie
500 g mageres Lammhackfleisch
1 Ei
1 TL Pul Biber
1 TL Baharat
Salz, Pfeffer
1 EL Tomatenmark
1/2 TL Paprikapulver, edelsüß

16 Auberginen aus der Kette nehmen und 10 Min. in warmem Wasser einweichen.

Die Petersilie waschen, trockentupfen und die Blättchen fein hacken. Mit dem Lammhackfleisch, dem Ei, Pul Biber, Baharat, Salz und Pfeffer gründlich mischen und in die Auberginen füllen.

In einem breiten Topf, in den alle Auberginen passen, das Tomatenmark, Paprika und 1/4 l Wasser mit dem Schneebesen verrühren und die Auberginen mit der Öffnung nach oben hineinsetzen. Sie sollten von der Flüssigkeit halb bedeckt sein. Zugedeckt bei schwacher Hitze 30 Min. köcheln lassen. Zwischendurch eventuell noch ein wenig Wasser nachgießen.

Die Auberginen mit dem Kochsud servieren.

Gefüllte getrocknete Paprikaschoten

Quellzeit: 30 Min.
Zubereitungszeit: 15 Min.
Garzeit: 30 Min.
Pro Portion ca.: 265 kcal

Zutaten für 4 Personen:
1 Kette getrocknete Paprikaschoten
125 g Naturreis
1 Dose geschälte Tomaten (800 g)
1/2 TL Paprikapulver, edelsüß
3 Stängel frische Minze
350 g Lammhackfleisch
1 Ei, 1 TL Baharat
Salz, Pfeffer

16 getrocknete Paprikaschoten von der Kette nehmen und in warmem Wasser 30 Min. quellen, dann abtropfen lassen.

Inzwischen den Reis mit 100 ml Wasser aufsetzen und im geschlossenen Topf köcheln lassen, bis alles Wasser aufgebraucht ist. In eine Schüssel füllen.

In einem Topf die Dosentomaten zerdrücken und mit dem Paprikapulver verrühren. Die Minze waschen und trockentupfen. 2 Stängel zerpflücken und klein hacken. Den Reis, das Lammfleisch, die Minze, das Ei, Baharat, Salz und Pfeffer gründlich mischen und in die Paprika füllen.

Die gefüllten Schoten mit der Öffnung nach oben in die Tomatensauce setzen. Eventuell noch Wasser dazu gießen; die Paprika sollten aus der Flüssigkeit herausragen. Zugedeckt bei schwacher Hitze 30 Min. köcheln lassen. Bei Bedarf zwischendurch Wasser nachgießen. Die Schoten in eine flache Schüssel setzen und mit dem Sud umgießen. Restliche Minze zerpflücken und als Dekoration verwenden.

Die getrockneten Tomaten, Auberginen und Paprika werden auf Kordeln aufgezogen. Es gibt sie inzwischen auch bei uns zu kaufen.

»Kharouf Mahsi« *heißt das saudi-arabische Orginal dieses Rezepts. Dabei wird ein ganzes Zicklein gefüllt und über dem Holzkohlenfeuer mehr als 2 Std. gegart. Serviert wird das Ganze mit Reis, Zwiebeln, Eiern und Petersilie auf einem riesigen Tablett und macht mindestens 16 Personen satt.*

Das Lammfleisch ein-, aber nicht durchschneiden und die Füllung daraufstreichen. Das Fleisch zusammenklappen und mit Metallspießen fixieren.

Gefülltes Lamm

Marinierzeit: 2 Std.
Zubereitungszeit: 50 Min.
Bratzeit: 45 Min.
Pro Portion ca.: 370 kcal

Zutaten für 4 Personen:
1 Zwiebel
1 Stück frischer Ingwer (ca. 10 g)
1 TL gemahlener Koriander
1 kg mageres Lammfleisch (ein rundes Stück; evtl. auch Rindfleisch)
Spießchen zum Verschließen

Für die Füllung:
1 kleiner Zucchino
3 Tomatenpaprika
1 frischer roter Peperoni
1 Knoblauchzehe
2 EL Olivenöl
30 g Rosinen
Salz
Pfeffer

Die Zwiebel schälen und grob schneiden. Den Ingwer schälen und mit der Zwiebel und dem Koriander in einem Mixer zu Mus zerkleinern. Das Fleisch damit rundherum einreiben und mindestens 2 Std., besser noch über Nacht, ziehen lassen.

Den Backofen auf 180° vorheizen. Die Gemüse waschen und putzen. Den Zucchino in kleine Würfel schneiden. Die Tomatenpaprika in feine Streifen schneiden, diese noch dreimal durchschneiden. Peperoni längs halbieren und Kerngehäuse entfernen. Nur eine Hälfte verwenden, diese sehr fein schneiden. Knoblauch schälen und ebenfalls sehr fein hacken. Rosinen mit heißem Wasser überbrühen, abtropfen lassen und hacken.

In einer Pfanne das Öl heiß werden lassen und Peperoni und Knoblauch darin scharf anbraten, aber nicht braun werden lassen. Die Gemüse hinzufügen und 5 Min. unter Rühren mitbraten. Zum Schluss die Rosinen hineingeben, kurz umrühren und die Pfanne vom Herd nehmen.

Mit einem scharfen Messer das Fleisch aufschneiden und die Gemüsemischung einfüllen. Mit Metallspießchen verschließen.

Das Lamm in einen Bräter geben und im Backofen (Mitte, Umluft 160°) 45 Min. braten. In Scheiben schneiden (das Fleisch muss innen noch zartrosa sein) und servieren. Dazu passen Reis und der Joghurtdip von Seite 31.

Lammkoteletts

Zubereitungszeit: 1 Std.
Pro Portion ca.: 750 kcal

Zutaten für 4 Personen:
6 Knoblauchzehen
5 EL Zitronensaft
5 EL Olivenöl
Pfeffer
12 Lammkoteletts
2 ganze Knoblauchknollen
4 Zweige Kirschtomaten
Olivenöl zum Braten

Den Knoblauch schälen und in eine Schüssel pressen. Mit Zitronensaft, 5 EL Olivenöl und Pfeffer verrühren. Lammkoteletts von beiden Seiten mit der Marinade bestreichen und 30 Min. ziehen lassen.

Den Backofen auf 180° vorheizen. Die Knoblauchknollen quer halbieren. Öl in einer großen Pfanne erhitzen. 2 Knoblauchhälften mit der Schnittseite nach unten in die Pfanne legen und 6 Koteletts von beiden Seiten kurz anbraten. Hitze reduzieren, 2 Tomatenzweige dazulegen und 5 Min. weiterbraten. Alles in einen Bräter geben. Die nächsten 6 Koteletts mit den Tomatenzweigen und Knoblauchhälften genauso verarbeiten.

Den Bräter in den Backofen (Mitte, Umluft 160°) stellen und alles 20 Min. schmoren.

Jeweils 3 Koteletts und 1 Tomatenzweig auf 4 vorgewärmte Teller verteilen. Mit 1/2 Knoblauchknolle dekorieren. Fleisch erst auf dem Teller salzen.

Dazu schmeckt Kartoffelpüree (am besten selbst gemacht), gemischt mit einigen Löffeln Kichererbsenpüree (Dose) und frischer Petersilie oder einfach Fladenbrot.

Oriental Mixed Grill

Zubereitungszeit: 1 Std.
Pro Portion ca.: 860 kcal

Zutaten für 4 Personen:
4 kleine Hühnerbeine
8 kleine Lammkoteletts
3 1/2 EL Olivenöl
1 EL Sumak
100 g Hühnerleber
200 g Lammhackfleisch
1 TL Koriander, gemahlen
Salz, Pfeffer
2 Zwiebeln
2 Tomaten
200 g Langkornreis
1/2 TL Kurkuma
1 EL Za'atar
1 großer Spieß

Hühnerbeine und Lammkoteletts auf einem großen Teller mit 2 EL Olivenöl bepinseln und mit 1 EL Sumak bestreuen. 30 Min. im Kühlschrank ziehen lassen.

Die Hühnerleber waschen, putzen und klein hacken. Mit dem Hackfleisch mischen und mit Koriander, Salz und Pfeffer würzen. 4 EL Hackmischung für den Reis beiseite stellen. Aus dem Rest ovale Bällchen formen und abwechselnd mit den Lammkoteletts auf den Spieß stecken. Die Zwiebeln schälen, halbieren und aus der Mitte etwas abreiben. Die Tomaten waschen, halbieren und das Zwiebelmus auf die Schnittstellen geben. Den Grillspieß, die Hühnerbeine, die Zwiebelhälften und die Tomatenhälften auf dem Grill 30 Min. garen. Mit Za'atar würzen.

Inzwischen den Reis mit 300 ml Wasser zugedeckt köcheln, bis alles Wasser aufgesogen ist. Kurkuma und 1 EL Olivenöl untermischen und den Reis noch 15 Min. ziehen lassen. Die restliche Hackmischung im übrigen Öl scharf anbraten. Kurz vor dem Servieren mit dem Reis vermengen.

Auf einem großen Pitabrot (Pide) Reis, Fleisch und Tomaten anrichten. Alles mit Sumak und Za'atar bestreuen, salzen und pfeffern. Mit den Zwiebeln dekorieren.

Couscous *zu garen ist für die nordafrikanische Hausfrau eine besondere Kunst. Jede hat ihre eigene Methode, denn Couscous schmeckt am besten, wenn er duftig und locker bleibt. Es gibt ihn in drei Sorten: fein, mittel und grob. Wir empfehlen für alle Rezepte die feine Version. Das Garen ist unkompliziert und der Geschmack entwickelt sich am besten.*

Couscous ist das nordafrikanische Nationalgericht. Er passt als Beilage zu fast allen Gemüsesorten sowie Fleisch, Fisch oder Meeresfrüchten. Es gibt sogar süße Rezepte mit Obst und Zucker.

Traditionell wurde Couscous früher von den Frauen selbst hergestellt. Weizen wurde dabei zu Grieß gemahlen, mit Mehl und Salzwasser vermischt und zwischen den Handflächen zu kleinen Körnchen gerieben. Die trocknete man in der Sonne. Heute wird Couscous meist industriell hergestellt.

Bei uns bekommt man hauptsächlich vorgegarten Couscous. Der muss nur in heißem Wasser (nach Belieben gesalzen oder in Brühe) quellen und ist nach 5–7 Min. fertig. Mit einer Gabel lockern und mit etwas Butter noch einmal auf den Herd stellen – so haben Sie eine unkomplizierte Beilage. Man kann ihn auch nach der Methode von Seite 143 zubereiten.

Couscous dämpfen

In den orientalischen Ländern verwendet man zum Garen den Couscoussier, einen großen Topf mit Dämpfaufsatz. Unten schmort das Gericht vor sich hin und oben gart der Grieß im aufsteigenden Dampf. Dabei bekommt er nicht nur die milde Hitze, sondern auch das Aroma des Garguts eine Etage tiefer ab. Außerdem spart man Energie und die Zutaten werden zur gleichen Zeit fertig.

Das klappt auch ohne dieses praktische Kochgerät: Ein grobes Sieb mit einem Stück Leinen ausschlagen und auf den Schmortopf setzen (Bild Seite 143). Darin bleibt der Grieß auch dann feucht, wenn der Aufsatz zwischendurch einmal vom Topf genommen werden muss.

Ob Couscoussier oder Sieb: Stets muss der Couscous vorher mit kochend heißem Wasser übergossen werden, damit er aufquellen kann. Und zwischendurch sollte er mit einer Gabel aufgelockert werden. Große Klumpen zerbröselt man am besten mit der Hand. Beim Servieren mischt man dann Butterflocken oder ein wenig von dem Sud unter.

Die Couscousplatten sind immer auch was fürs Auge.

TIPP

Bei Gemüsemischungen sollten Sie auf die unterschiedlichen Garzeiten achten. Die festen Sorten wie Kohlrabi, Möhre oder Sellerie kommen zuerst in den Topf, gefolgt von den mittleren wie Zucchini, Zwiebel oder Aubergine und am Schluss Tomaten, Blumenkohl und Frühlingszwiebeln, die Garzeiten von höchstens einigen Minuten vertragen.

Gemüse-Couscous

Einweichzeit: 12 Std.
Zubereitungszeit: 1 Std. 30 Min.
Pro Portion ca.: 570 kcal

Zutaten für 4 Personen:
150 g getrocknete Kichererbsen
500 g feiner Couscous
8 große Tomaten
Salz, Pfeffer
1 TL Cayennepfeffer
1/2 TL gemahlener Kreuzkümmel
1 EL Zitronensaft
1 Staude Stangensellerie
1 EL Butter oder Ghee

Die Kichererbsen über Nacht in reichlich Wasser einweichen, dann die gelösten Hülsen entfernen.

Ein grobes Sieb mit einem Leinentuch ausschlagen, den Couscous hineinschütten und mit heißem Wasser übergießen. Zum Abtropfen beiseite stellen.

Die Tomaten über Kreuz einschneiden, überbrühen und pellen. 4 Tomaten in Stücke schneiden und mit 1/4 l Wasser 5–10 Min. garen. Währenddessen das Sieb mit dem Couscous auf den Topf stellen, zudecken und den Grieß zwischendurch mit einer Gabel lockern.

Gekochte Tomaten im Sud pürieren und mit Salz, Pfeffer, Cayennepfeffer und Kreuzkümmel würzen. Zitronensaft dazugeben. Die Kichererbsen dazugeben und alles mindestens 20 Min. köcheln lassen. Dabei das Sieb mit dem Couscous wieder darauf stellen. Den Sellerie putzen, längs halbieren und in 15 cm lange Stücke schneiden. In den Sud geben, eventuell noch Wasser dazugeben und 10–15 Min. weiterköcheln lassen.

Die restlichen Tomaten achteln. Das Gemüse mit einem Schaumlöffel aus dem Sud nehmen und mit den Tomatenstücken in einer Schüssel zugedeckt warm stellen. Den Sud abschmecken und eventuell reduzieren.

Etwas Butter oder Ghee unter den Couscous mischen. Auf eine große vorgewärmte Platte häufen und das Gemüse darauf anrichten. Etwas von dem Sud darüber gießen und den Rest separat servieren.

Der Couscoussier ist ein in Tunesien und Marokko übliches Kochgerät.

Gerichte mit Garnelen gibt's im Orient nur in Küstennähe. Besonders beliebt sind sie in Saudi-Arabien und Ägypten – dort heißen die Garnelen Gambari.

Garnelen

gehören zu den beliebtesten Meeresfrüchten überhaupt. Sie werden auf allen großen Ozeanen gefischt, außerdem in tropischen und subtropischen Gewässern mit großem Erfolg in Farmen gezüchtet. Sofort nach dem Fang werden sie roh oder gegart tiefgefroren. Frische Ware findet man selten im Handel.

Scharfer Couscous mit Garnelen

Vorbereitungszeit: 15 Min.
Zubereitungszeit: 45 Min.
Pro Portion ca.: 550 kcal

Zutaten für 4 Personen:
500 g feiner Couscous
2 frische rote Chilischoten
4 Frühlingszwiebeln
2 EL Butter
2 EL Olivenöl
16 gegarte, geschälte Tiefseegarnelen
2 1/2 EL Fischfond (Glas)
2 EL Zitronensaft
Salz, Pfeffer
1 Msp. gemahlener Koriander
1 TL gekörnte Brühe
250 g Paprikapüree (Glas)

Den Couscous in einem Sieb über einen passenden Topf hängen (siehe Seite 143). Heißes Wasser darüber gießen und den Topf zudecken. Das Wasser erhitzen und den Grieß 30 Min. dämpfen. Zwischendurch den Couscous mit der Gabel etwas lockern.

Die Chilischoten waschen, putzen und ohne Kerne in sehr kleine Stücke schneiden. Zwiebeln waschen und in feine Ringe schneiden.

In einer tiefen Pfanne 1 EL Butter und das Öl erhitzen und die Garnelen darin etwa 5 Min. schwenken. Chilistücke und Zwiebelringe unterrühren. Mit Fischfond und Zitronensaft ablöschen und 5 Min. köcheln lassen. Salzen, pfeffern und etwas Koriander dazugeben.

Brühe in 1/4 l kochendem Wasser auflösen. Das Paprikapüree dazugeben, durchrühren und kurz aufkochen lassen.

Den fertigen Couscous in eine vorgewärmte flache Schüssel häufen und dabei mit einer Gabel die restliche Butter untermischen. Die Garnelenmischung darauf anrichten. Mit etwas Sud übergießen und den Rest separat dazu servieren. Die Paprikasauce separat dazustellen.

Couscous mit Fisch und Frühlingsgemüse

Vorbereitungszeit: 15 Min.
Zubereitungszeit: 40 Min.
Pro Portion ca.: 575 kcal

Zutaten für 4 Personen:
500 g feiner Couscous
3 Möhren
2 Zucchini
200 g Zuckerschoten
400 g Seelachsfilet
1 EL Zitronensaft
Salz
4 EL Paprikapüree (Glas)
1/2 TL Kurkuma
1 knapper EL Butter

Couscous in ein Sieb schütten und mit heißem Wasser übergießen. Abtropfen lassen (siehe Seite 143).

Die Gemüse waschen und putzen. Die Möhren in Scheiben, die Zucchini in Stücke schneiden. Fischfilet waschen, abtrocknen, in etwa 3 x 5 cm große Stücke schneiden, auf einen Teller legen und mit Zitronensaft beträufeln.

1/4 l Wasser in einen Topf geben und salzen. Das Paprikapüree hineingeben und aufkochen lassen. Möhren hinzugeben, mit Kurkuma würzen und etwa 10 Min. köcheln lassen. Während des gesamten Kochvorgangs den Couscous auf dem Topf dämpfen. Dabei hin und wieder mit einer Gabel auflockern.

Zucchini und Zuckerschoten in den Topf geben und bei Bedarf etwas Wasser dazugießen. 10 Min. köcheln lassen. Zuletzt die Fischstücke zum Gemüse geben und noch 6–7 Min. garen. Abschmecken und eventuell noch Salz und Paprikapüree untermischen.

Den fertigen Couscous in eine vorgewärmte flache Schüssel häufen. Dabei mit einer Gabel die Butter untermischen. Gemüse und Fischstücke darauf anrichten. Mit etwas Sud übergießen und den Rest dazuservieren.

Couscous ist das Nationalgericht Nordafrikas schlechthin. Er wird in vielen Variationen zubereitet, wie hier mit getrockneten Früchten(rechts) oder Salzzitronen(links).

»Jedes Körnchen Couscous *steht für eine gute Tat«, sagt ein marokkanisches Sprichwort. Die Herkunft dieser Weizenzubereitung, arabisch »K'seksoo«, ist unbekannt. Die einen halten Beduinenstämme für die Urheber, andere schreiben sie den Mauren zu.*

Couscous mit Huhn und Salzzitronen

Vorbereitungszeit: 20 Min.
Garzeit: 35 Min.
Pro Portion ca.: 630 kcal

Zutaten für 4 Personen:
500 g feiner Couscous
1 Zwiebel
4 Frühlingszwiebeln
2 orange Peperoni
400 g Hühnerbrustfilet
2 EL Olivenöl
Salz, Pfeffer
2 Salzzitronen (Seite 131)
1 EL Butter

Den Couscous in einem Sieb mit heißem Wasser übergießen und zum Abtropfen beiseite stellen (Seite 143).

Die Zwiebel schälen und in Streifen schneiden. Die Frühlingszwiebeln waschen, putzen und in 2 cm lange Stücke schneiden. Die Peperoni waschen, der Länge nach halbieren und die Kerne entfernen. Das Fleisch abspülen, trockentupfen und in grobe Stücke schneiden.

Das Öl in einem Topf, auf den das Sieb passt, erhitzen und das Fleisch darin 1 Min. scharf anbraten. Salzen und pfeffern. 1 Salzzitrone auspressen und den Saft, die Zwiebeln und die Peperoni dazugeben. Alles durchmischen. Das Sieb mit dem Couscous auf den Topf setzen. Das Ragout bei schwacher Hitze zugedeckt 30 Min. schmoren. Bei Bedarf ein wenig Wasser dazugießen. Zwischendurch den Couscous mit einer Gabel auflockern.

Den fertigen Couscous in eine vorgewärmte flache Schüssel häufen und dabei die Butter untermischen. Das Hühnerragout darauf anrichten, den Sud separat reichen. Die zweite Salzzitrone abspülen, vierteln und zur Dekoration verwenden.

Couscous mit Lamm und Trockenfrüchten

Einweichzeit: 30 Min.
Zubereitungszeit: 40 Min.
Pro Portion ca.: 680 kcal

Zutaten für 4 Personen:
8 getrocknete Aprikosen
2 EL Rosinen
8 Backpflaumen
500 g feiner Couscous
1 Zwiebel
400 g mageres Lammfleisch
3 EL Olivenöl
Salz, Pfeffer
1 EL Butter
1 Limette
1 EL brauner Zucker
1 Bund frische Minze

Die Trockenfrüchte in warmem Wasser 30 Min. einweichen. Dann über einem Sieb abtropfen lassen. Den Couscous in einem Sieb mit heißem Wasser übergießen, zum Abtropfen beiseite stellen (Seite 143).

Die Zwiebel schälen und in Streifen schneiden. Das Fleisch in grobe Stücke schneiden. 2 EL Öl in einem Schmortopf erhitzen und das Fleisch darin kurz scharf anbraten, salzen und pfeffern. Zwiebel und Trockenfrüchte dazugeben und alles durchmischen. Das Sieb mit dem Couscous auf den Topf setzen und das Ragout bei schwacher Hitze zugedeckt 30 Min. schmoren. Wenn nötig, etwas Wasser dazugießen. Zwischendurch den Couscous mit einer Gabel auflockern.

Den fertigen Couscous in eine vorgewärmte flache Schüssel häufen und dabei die Butter untermischen. Das Lammragout darauf anrichten. Sud separat reichen.

Die Limette heiß abwaschen, abtrocknen und in Scheiben schneiden. Das restliche Öl mit dem Zucker in einer Pfanne erhitzen und die Scheiben darin kurz andünsten. Die Minze waschen und trockenschütteln. Die Blättchen abzupfen und in feine Streifen schneiden. Limette und Minze zur Dekoration verwenden.

links: Tajinetöpfe werden auf den Märkten des Maghreb in unterschiedlichsten Formen und Größen angeboten.

rechts: An der Straßenecke stehen die Tajines der Garküche auf kleinen Becken mit Holzkohle. Köstliche Gerichte schmoren stundenlang vor sich hin.

Nach dem Einkauf bleibt immer Zeit für einen kleinen Plausch.

Tajine –
die alte marokkanische Kochtechnik

Auch die nordafrikanischen Hausfrauen verfügen über moderne Kochtechnik und Elektrogeräte. Trotzdem wird immer wieder auf die altbewährte Tradition der Tajine zurückgegriffen.

Für orientalische Mystiker ist Metall gleichbedeutend mit Dynamik und schneller Befriedigung. Als passendes Material für Harmonie und Genuss würden sie gebrannte Lehmerde nennen. Ist das der Grund, dass die Nomaden als Kochgeschirr zerbrechliche Tontöpfe dem robusten Kupfer vorzogen? Eine geniale Erfindungen ist die marokkanische Tajine, ein universelles Kochgerät, Römertopf, Schmorpfanne und Dampfdrucktopf in einem. Entsprechend vielfältig sind die Tajine-Rezepte. Eintopf sollte man diese Gerichte niemals nennen, denn das trifft die vielen Möglichkeiten nur unzureichend. In Marokko gibt es praktisch kein Rezept, bei dem der tönerne Kochtopf nicht eine Rolle spielt.

Das Gericht, das damit zubereitet wird, heißt übrigens auch Tajine. Dabei ist die Technik recht einfach: Alle Zutaten werden in der Tajine übereinander geschichtet und mit einem Deckel verschlossen, der auf seiner Oberseite ein Grübchen hat. Füllt man dieses mit Wasser, so kondensiert der Dampf und tropft in die Speise zurück, anstatt zu entweichen. So kann nichts anbrennen und auch nichts verkochen. Das Aroma bleibt erhalten, die Säfte mischen sich, ohne dass Geschmack verloren geht. Einziger Nachteil: Der Kochvorgang dauert etwas länger als sonst.

Praktisch eignet sich der irdene Topf für alle Hitzequellen, ob Gas, Elektroplatte oder Backofen. Am zünftigsten kocht es sich auf einem Holzkohlestövchen, damit ist man der orientalischen Methode schon ziemlich nahe. Natürlich bedarf ein solcher Tajinetopf der besonderen Pflege. Vor jeder Benutzung muss er eine halbe Stunde gewässert und innen mit Öl eingerieben werden, damit sich die Poren schließen. Spülmittel sollte man von ihm fern halten, ganz zu schweigen von einer Spülmaschine. Dafür ist der Einsatz eines Stahlschwammes zum Reinigen durchaus erlaubt. Und nach längerem Gebrauch kann man auch aufs Wässern und Ölen verzichten: Der Topf ist dann sozusagen imprägniert.

Im Straßenrestaurant von Agadir in Marokko kann man sich das Gericht vorher im Schmortopf ansehen.

Brot wird immer dazu gegessen.

Tajine mit Kürbis

Vorbereitungszeit: 20 Min.
Garzeit: 20 Min.
Pro Portion ca.: 135 kcal

Zutaten für 4 Personen:
3 rote Zwiebeln
1 Stück frischer Ingwer
300 g Kürbis
1 gelbe Tomatenpaprika
3 EL Olivenöl
4 kleine Hühnerschenkel
Pfeffer, Salz
2 Gewürznelken
4 Kardamomkapseln
200 ml Apfelsaft
1 kleines Bund glatte Petersilie

Die Zwiebeln schälen, halbieren und in Streifen schneiden. Den Ingwer schälen und fein hacken. Den Kürbis schälen, putzen und würfeln. Die Paprika waschen, putzen und in feine Streifen schneiden.

Das Öl in der offenen Tajine stark erhitzen und die Hühnerschenkel darin rundum anbraten, dann den Ingwer und die Zwiebeln 3 Min. unter Rühren mitbraten. Tajine vom Herd nehmen, alles salzen und pfeffern.

Kürbis, Paprika, Zwiebeln, Nelken und Kardamom in die Tajine schichten, pfeffern, salzen und den Apfelsaft dazugießen. Die Tajine verschließen und alles bei schwacher Hitze 20 Min. dünsten. Kardamom und Nelken herausnehmen und die Tajine nochmal abschmecken. Heiß servieren.

TIPP

Wenn man keine Tajine zur Verfügung hat, kann man auch den herkömmlichen Römertopf verwenden – allerdings nur im Backofen. Mit ihm kommt man der Kochmethode ziemlich nahe.

Quitten-Möhren-Tajine

Zubereitungszeit: 1 Std.
Pro Portion ca.: 465 kcal

Zutaten für 4 Personen:
2 Zwiebeln
8 Möhren
4 Quitten (oder feste Äpfel)
600 g Lammfleisch ohne Knochen
100 g Butter
1 Prise Safran
1 TL Kurkuma
1/2 TL Zimtpulver
2 EL flüssiger Honig
Salz, Pfeffer

Die Zwiebeln schälen und mit einer Reibe oder im Mixer zu grobem Mus verarbeiten. Die Möhren putzen und längs vierteln. Die Quitten waschen, vierteln, putzen und in Wasser legen, damit sie nicht anlaufen. Das Fleisch in mundgerechte Stücke schneiden.

In der offenen Tajine die Butter zerlassen und das Fleisch darin von allen Seiten gut anbraten. Das Zwiebelmus, Safran, Kurkuma und Zimt hinzufügen, umrühren und mit 200 ml Wasser ablöschen. Zugedeckt bei mittlerer Hitze etwa 45 Min. garen. Falls nötig noch Wasser hinzufügen.

Die Möhren und Quitten dazugeben, 1 EL Honig darüber träufeln und weitere 15 Min. köcheln lassen. Dabei aufpassen, dass die Quitten nicht zu weich werden, eventuell vorher herausnehmen.

Zum Servieren das Fleisch auf dem Zwiebelpüree in einer angewärmten Schüssel anrichten, pfeffern und salzen. Möhren- und Quitten dazulegen. Mit dem restlichen Honig übergießen.

Linsentajine

Zubereitungszeit: 1 Std.
Einweichzeit: 12 Std.
Pro Portion ca.: 385 kcal

Zutaten für 4 Personen:
100 g kleine grüne Linsen
1 große Fleischtomate
4 Hähnchenschenkel
Olivenöl zum Braten
1 Lorbeerblatt
80 ml Hühnerbrühe
1/2 TL gemahlener Koriander
Salz, Pfeffer
5 Zweige frische Minze

Die Linsen über Nacht einweichen.

Die Tomate mit kochendem Wasser überbrühen, häuten und vierteln, den Stielansatz entfernen. Die Hähnchenschenkel waschen und trockentupfen.

2–3 EL Olivenöl in der offenen Tajine stark erhitzen und die Hähnchenschenkel darin kurz anbraten. Die Tomaten, die Linsen, das Lorbeerblatt und die Hühnerbrühe dazugeben. Mit Koriander würzen, salzen und pfeffern. Hitze reduzieren und das Gericht in der geschlossenen Tajine 45 Min. garen.

Die Minze waschen und trockentupfen, die Blätter sehr fein hacken. Die Tajine vom Herd nehmen, die Minze dazugeben und kurz durchmischen.

TIPP

Knoblauchfans lassen die Minze weg und geben stattdessen vor dem Anbraten 2 durchgepresste Knoblauchzehen auf die Hähnchen.

Pro Person gibt man 1 Hähnchenschenkel zusammen mit einer guten Portion Linsen auf den Teller.

Das Image von Tajinegerichten hat sich gewandelt. Heute findet man es mit pikanten Zutaten auf den Speisekarten exklusiver Restaurants.

Die Tajine *ist für jeden Herd geeignet, ganz gleich, ob Gas- oder Elektroherd. Nach ein paar Vorbereitungen (Seite 148) geht es genau so einfach wie mit dem Römertopf. Bevor es losgeht, müssen alle Zutaten vorbereitet sein. Je nach Garzeit werden sie früher oder später hineingegeben (siehe dazu Tipp S. 143). Nur so ist gewährleistet, dass alles gleichzeitig gar wird.*

Tajine mit Lamm und Salzzitrone

Vorbereitungszeit: 10 Min.
Garzeit: 45 Min.
Pro Portion ca.: 290 kcal

Zutaten für 4 Personen:
400 g mageres Lammfleisch
2 EL Olivenöl
1 TL Sesamsamen
4 kleine afrikanische Auberginen
oder 2 mittelgroße Auberginen
200 ml Fleischbrühe
4 Frühlingszwiebeln
1 Salzzitrone (Seite 131)
Salz
Pfeffer

Das Fleisch in mundgerechte Stücke schneiden. Das Öl in der Tajine erhitzen und das Fleisch darin scharf anbraten. Den Sesam darüber streuen.

Die Auberginen waschen, abtrocknen und in mundgerechte Stücke schneiden. Kurz mitbraten. Mit Fleischbrühe ablöschen. Tajine verschließen und zugedeckt 20 Min. köcheln lassen.

Die Frühlingszwiebeln putzen und in 2 cm lange Stücke schneiden. Die Zitrone abspülen und vierteln. Beides in die Tajine geben und weitere 20 Min. köcheln lassen. Pfeffern und salzen. Vom Herd nehmen und heiß servieren.

Tajine mit Hühnchen

Vorbereitungszeit: 20 Min.
Garzeit: 25 Min.
Pro Portion ca.: 380 kcal

Zutaten für 4 Personen:
2 Hühnerbrustfilets
1 Zucchino
4 Möhren
2 EL Olivenöl
200 ml Hühnerbrühe
150 g getrocknete Minifeigen
1 EL Rosinen
Salz, Pfeffer
Zitronensaft nach Belieben

Das Fleisch häuten, waschen, abtrocknen und in fingerdicke Streifen schneiden. Den Zucchino putzen und in Scheiben schneiden. Die Möhren waschen, schälen und in Stücke schneiden.

Das Öl in der offenen Tajine erhitzen. Das Gemüse gut anbraten, dann das Fleisch ringsum anbraten und mit der Brühe ablöschen. Die Hitze reduzieren. Die übrigen Zutaten dazugeben, salzen, pfeffern und kurz durchmischen. Die Tajine verschließen und bei schwacher Hitze 20 Min. schmoren. Das Gericht nach Belieben mit Zitronensaft abschmecken und heiß servieren.

TIPP

Statt der Minifeigen kann man auch die normalen getrockneten verwenden. Diese vorher vierteln.

Joghurtsuppe mit Kichererbsen und Hackfleisch

Zubereitungszeit: 1 Std. 30 Min.
Pro Portion ca.: 335 kcal

Zutaten für 6 Personen:
2 Zwiebeln
100 g Hackfleisch
Salz, Pfeffer
6 EL Olivenöl
1/2 TL Kurkuma
200 g gegarte Kichererbsen (Glas)
100 g rote Linsen, 50 g Reis
je 1/2 Bund Petersilie, Schnittlauch, Koriandergrün und Dill
ein paar Minzeblätter
2 Knoblauchzehen
400 g Joghurt
150 g saure Sahne

Die Zwiebeln schälen und klein schneiden. Das Hackfleisch mit der Hälfte der Zwiebeln mischen, salzen und pfeffern und Bällchen daraus formen.

4 EL Öl in einem großen Topf erhitzen und die restlichen Zwiebeln darin goldbraun braten. Salz, Pfeffer und die Hälfte der Kurkuma unterrühren, mit 1 l Wasser aufgießen. Die Kichererbsen mit dem Sud, die Linsen und den Reis dazugeben und aufkochen lassen. Die Hackfleischbällchen einlegen und die Suppe 20–30 Min. köcheln lassen.

Inzwischen die Kräuter waschen und trockentupfen. Die Blättchen fein hacken, Minze beiseite legen. Die Kräuter in die Suppe rühren, eventuell noch Wasser nachgießen. Weiter köcheln lassen.

Den Knoblauch schälen, 1 Zehe hacken und 1 in Scheiben schneiden. Das restliche Öl in einer kleinen Pfanne erhitzen, den Knoblauch und die restliche Kurkuma darin anbraten. Die Minze dazugeben und die Pfanne vom Herd nehmen.

Den Joghurt mit etwas heißer Suppe mischen, dann in die Suppe rühren. Nicht mehr kochen lassen, sonst flockt der Joghurt aus.

Auf jede Portion 1 EL saure Sahne geben und etwas Knoblauch-Minze setzen.

Cholent mit Huhn

Vorbereitungszeit: 30 Min.
Garzeit: 2 Std. 45 Min.
Pro Portion ca.: 760 kcal

Zutaten für 4 Personen:
1 Suppenhuhn (ca. 1 kg)
1 Zwiebel
1 Knoblauchzehe
100 g gegarte Kichererbsen (Glas)
100 g gegarte Weiße Bohnen (Glas)
100 g gegarte Kidney- oder Borlottibohnen (Glas)
250 g Kartoffeln
30 ml Öl
Salz, Pfeffer

Das Huhn in 4 Stücke teilen. Die Zwiebel schälen und in Stücke schneiden. Den Knoblauch schälen und grob hacken. Kichererbsen und Bohnen abtropfen lassen. Die Kartoffeln schälen und in Würfel schneiden, dann in Wasser legen, damit sie nicht braun anlaufen.

Das Öl in einem Bräter erhitzen. Die Zwiebel darin dunkelbraun braten. Den Knoblauch dazugeben und das Huhn kurz anbraten. Die Kartoffeln hineingeben, salzen und pfeffern. Kichererbsen und Bohnen dazugeben, mit Wasser auffüllen, bis alles bedeckt ist. Die Cholent 45 Min. köcheln lassen.

Den Backofen auf 140° vorheizen. Das Huhn herausnehmen und das Fleisch von den Knochen lösen, wieder in den Topf geben. Die Cholent zugedeckt im Backofen (unten) mindestens 2 Std. garen. (Traditionell wird die Cholent über Nacht im Ofen bei 70° fertig gegart.)

Cholent ist ein altes jüdisches Gericht. Traditionell werden noch hartgekochte Eier in der Schale mitgekocht.

Gewürze – Kostbarkeiten *mit Tradition*

Gewürze werden schon seit langer Zeit verwendet, zunächst von den Ägyptern im Totenkult, dann zu medizinischen Zwecken. Später entdeckte man ihre geschmackliche Wirkung und die Reichen verwendeten Pfeffer, Muskat, Zimt und Nelken viel üppiger, als wir das schätzen würden.

In unserer Vorstellung von der orientalischen Küche spielen Gewürze eine wichtige Rolle. Zu Recht, denn kein orientalisches Gericht, ob Gemüse, Couscous oder Fleisch, Süßspeise oder Kompott, kommt ohne Gewürze aus. Und nie ist ein Gericht nur scharf oder nur süß – immer ist es eine fein abgestimmte Mischung von Gewürzen, die den Geschmack bestimmt.
Gewürze wurden seit urdenklichen Zeiten überall verwendet – zunächst für kultische und medizinische Zwecke. Erst die lebensfrohen Römer machten aus den Heilmitteln Genussmittel und gaben mit Pfeffer, Ingwer und Kurkuma ihren Speisen den letzten Pfiff.

Handel und Wandel

Gewürze gelten seit Jahrtausenden als wertvolles Handelsgut, das ganze Kulturen entscheidend geprägt und zu unvorstellbarem Reichtum geführt hat. Es gibt 3 500 Jahre alte Zeugnisse von

Heute sind Gewürze zwar immer noch relativ teuer, aber es ist fast jedes exotische Gewürz verfügbar. So können auch die Gerichte fremder Länder zu Hause nachgekocht werden.

ägyptischen Handelsexpeditionen ins sagenumwobene Land Punt am Horn von Afrika (dem heutigen Somalia). Punt war ein wichtiger Umschlagplatz für Handelswaren, die per Schiff aus Asien, aus China, Indien oder den Molukken (den Gewürzinseln) kamen. Die Händler tauschten die Gewürze aus den asiatischen Tropen gegen die im Mittelmeerraum heimischen wie Kreuzkümmel, Koriander, Fenchel, Bockshornklee, Sesam, Dill und Schwarzkümmel. Mit der neuen Ware zogen sie in großen Kamelkarawanen längs der arabischen Küste nordwärts nach Ägypten und Syrien, zu den Händlern in den Souks von Kairo, Alexandria und Aleppo. Hier endeten auch Handelswege, die über den Kontinent verliefen. Was immer an Zimt, Muskat oder Pfeffer in den Mittelmeerraum und später nach Europa kam, hatte den Weg über diese legendären Gewürzstraßen genommen. Gewürzhandel war es auch, der die am Wege liegende Stadt Mekka erblühen ließ, lange bevor sie zum Zentrum des Islam wurde.

Naive Kunst an der Bushaltestelle: Wohl zur Erinnerung an frühere Verkehrsmittel gestalteten Kachelkünstler ein Wartehäuschen in Touzeur/Tunesien.

Ausläufer der Saharawüste nahe der Ortschaft Douz/Tunesien. Noch gibt es karge Bewachsung, noch werden die Dünen mit Zäunen aus Palmblättern gegen Verwehungen geschützt.

In der Antike beherrschten die Griechen und später die Römer zeitweise Teile des Orients und dehnten den Handel in den westlichen Mittelmeerraum aus. Im frühen Mittelalter brachten arabische Ärzte und Händler Gewürze nach Nordafrika und Spanien. Im Spätmittelalter fing man auch in unseren Breiten an, exotische Gewürze (»Spezereien«) zum Würzen von Speisen zu verwenden. Sie blieben aber noch lange den Reichen vorbehalten.

In Gold aufzuwiegen

In der orientalischen Küche haben Gewürze also mindestens seit dem Mittelalter eine lange Tradition. Zu der Zeit wurden in Europa noch manche dieser Spezereien – und nicht nur Safran – mit Gold aufgewogen. Gewürzhandel war ein einträgliches Geschäft: Kein Wunder, dass wir bei manchen Gewürznamen sofort an die Märchen aus 1001 Nacht denken, obwohl zwischen Sheherezade und Muskatblüte ganze Kontinente liegen. Da die Transportkosten fast nur vom Gewicht der Ware abhängen, verdient der Händler mit einem Kilo Muskatnüssen sehr viel mehr Geld als mit zehn Sack Reis, die den gleichen langen Weg hinter sich haben.

Heute sind Gewürze ein selbstverständlicher Bestandteil der alltäglichen Küche geworden und überall erhältlich. Und mit der Entdeckung neuer kulinarischer Welten können wir auch immer wieder neue Gewürze entdecken, mit ihnen experimentieren und unsere Geschmackserlebnisse bereichern..

Kleine Menge – großer Preis – große Wirkung

Nur eine geringe Dosis eines Gewürzes ist erforderlich, um ein Stück Fleisch in eine Delikatesse zu verwandeln. So kommt man mit kleinen Vorräten sehr lange aus und findet auch nichts dabei, einen Preis zu zahlen, der, von der Gewichtseinheit her betrachtet, den Preis anderer Lebensmittel um das Hundert- oder gar Tausendfache übertrifft.

Mit dem Gewürzhandel konnte in den vergangenen Jahrhunderten unermesslicher Reichtum angehäuft werden. Zu Zeiten der großen Karawanen gelangten die am Weg liegenden arabischen Städte zu Macht und Ansehen. Später, nach Entdeckung des Seeweges nach Indien durch Vasco da Gama, waren es die europäischen Hafenmetropolen, die vom Handel mit Zimt und Pfeffer profitierten.

Wenn auch heute der Transport billiger geworden ist, am hohen Kilopreis für Gewürze hat sich nichts Wesentliches geändert. So empfindet manch aufgeklärter Verbraucher während des Basarbesuchs die Gewürzpreise dort als ausgesprochen günstig. So günstig, dass er spontan an Eigenimport denkt. Zu Hause wird er manchmal feststellen, dass der mitgebrachte Gewürzvorrat zwar für Jahre ausreicht, doch das Aroma der Gewürze bereits nach sechs Monaten so nachgelassen hat, dass von einem guten Geschäft kaum noch die Rede sein kann.

Am besten frisch

Man sieht also: Nicht nur das Handeln auf dem Basar will geübt sein, auch der Umgang mit den dort erstandenen Schätzen. Gewürze lassen sich nicht endlos lagern, sie sind zu baldigem Verbrauch bestimmt. Wie lange sie sich aufheben lassen, ist davon abhängig, in welcher Form das Gewürz gekauft wurde. Gemahlen ist es zwar sehr bequem zu handhaben, die Würzkraft jedoch nimmt nach einiger Zeit rapide ab – und die Keimzahl zu. Der Grund: Die ätherischen Öle, Träger der spezifischen Wirkstoffe, verflüchtigen sich hier besonders schnell. Es ist daher zu empfehlen, Pfeffer, Muskatnuss oder Koriander immer als ganze Körner zu kaufen und erst unmittelbar vor dem Verbrauch zu zerkleinern. Bei Kaffee ist das nicht anders: Er schmeckt am besten, wenn die Bohne frisch gemahlen wurde.

Auch Lichteinfluss verkürzt die Haltbarkeit vieler Gewürze. Man sollte sie daher in undurchsichtigen oder zumindest dunklen Behältern aufbewahren. Ingwer, Zwiebel und Knoblauch sollten nur frisch verwendet werden, während viele Kräuter frisch und getrocknet gleichermaßen beliebt sind; sie entwickeln dabei einen jeweils anderen Charakter. Die scharfen Chilischoten lassen sich wunderbar einfrieren, eine Prozedeur, die Knoblauch & Co. beispielsweise nicht überleben würden.

Prallvoll sind die Gewürzsäcke auf einem Marktstand in Gafsa (Tunesien).

Spezereien *nannte man früher die Gewürze. Der englische Begriff »spices« erinnert noch daran. Gewürze bestehen per Definition ausschließlich aus pflanzlichen Bestandteilen, die wegen ihrer Geschmacks- und Geruchsstoffe verwendet werden. Salz ist daher streng genommen kein Gewürz.*

Gewürzmischungen

Hier die wichtigsten Gewürzmischungen auf einem Bild

Harissa (links)

eine feurige Chili-Paprikapaste, die sparsam verwendet werden sollte und gut zu kräftigen Grillgerichten passt. Sie gibt es in jedem türkischen Lebensmittelgeschäft zu kaufen, in Tuben, Dosen oder Gläsern.

Za'atar (vorne rechts)

ein Gewürz, das in Deutschland schwer erhältlich ist. Die Herstellung ist jedoch denkbar einfach: Sesam in der Pfanne ohne Fett hellbraun rösten und zu gleichen Teilen mit getrocknetem Thymian und Oregano im Mörser grob zerreiben.

Zhoug (rechts)

eine Gewürzpaste aus dem Jemen, die aus grünen Chilisschoten, Knoblauch, Koriander, Kreuzkümmel, Zitronensaft, Salz und Pfeffer sowie Olivenöl mit dem Küchenmixer selbst hergestellt werden kann.

Pul Biber (hinten links)

eine Mischung aus getrockneten, geschroteten Chilischoten mit Paprika. Eigene Herstellung lohnt kaum, da das Gewürz in jedem türkischen Lebensmittelgeschäft erhältlich ist.

Nicht alle Gewürze passen zusammen und sie sollten auch vorsichtig dosiert werden. Lieber nachwürzen, denn ein Zuviel an Gewürzen kann ein Gericht ungenießbar machen. Zur Erleichterung

Auch bei den exotischen Gewürzmischungen stehen die Bestandteile auf der Verpackung.

bei der Zubereitung bietet der Handel eine Unzahl von Gewürzmischungen, Saucen und Pasten an. Solche mit Konservierungsstoffen sollte man jedoch meiden, da diese den Geschmack verändern können. Dank der scharfen Bestandteile ist die Haltbarkeit ohnehin meist ausreichend.

Baharat Ähnlich der 5-Gewürze-Mischung der asiatischen Küche ist Baharat die arabische Standardmischung. Man kann damit eigentlich nichts mehr falsch machen, denn es enthält schwarzen Pfeffer, Paprika, Koriander, Zimt, Nelken, Muskat, Piment und Kardamo. Die Zusammensetzung variiert von Region zu Region. Gibt es beim türkischen Lebensmittelgeschäft.

Kurkuma auch Gelbwurz oder Tumeric (engl.) genannt ist ein Gewürz, das zwar nicht scharf ist, jedoch schon in kleinsten Mengen den Geschmack des Gerichtes dominiert. Auch ist seine Anwesenheit nicht zu übersehen: Alles wird intensiv gelb. Gibt es in Pulverform und auch als Wurzel zum Reiben in jedem asiatischen Geschäft.

Chilischoten kann man frisch und getrocknet kaufen, als grüne oder rote Sorte. Getrocknet sind sie schärfer und die roten mehr als die grünen. Man sollte für 4 Personen nie mehr als 2 mittelgroße Schoten verwenden und vorher Trennwände und Samen entfernen. Die getrockneten Schoten kann man ganz mitkochen, wenn man sie danach wieder herausfischt. Und bitte tragen Sie bei der Arbeit Gummihandschuhe oder waschen sich hernach sorgfältig die Hände.

Kardamom gibt es getrocknet in grün oder schwarz, als Kapseln oder in Pulverform. Verwenden Sie ausschließlich die helle Sorte und nie mehr als 2 Kapseln pro Rezept (die Sie vor dem Servieren immer entfernen sollten).

Zimt Gewöhnlich verwenden wir dieses Gewürz in Pulverform, doch ist die Rinde des Zimtbaums bei den Gerichten ein Muss, die nur einen Hauch von Zimtgeschmack haben sollen. Die Zimtrinde wird nur während des Kochens zugegeben und anschließend wieder entfernt.

Honig und Rohrzucker begründeten vor mehr als 1000 Jahren die Vorliebe der Araber für süßes Naschwerk. Nüsse, Mandeln, Eier und Rosenwasser waren mit von der Partie und so ganz nebenbei wurde in Persien auch das Marzipan erfunden.

Kostbarkeiten

aus dem Orient

Verführung *für alle Sinne*

Kunstvoll geschmiedeter Rechaud im Restaurant Dar El Jeld in Tunis.

Mohamed, der Prophet, war in seinem Leben alles andere als ein Kostverächter, er liebte den Luxus, gutes Essen und die Frauen. Von Aischa, seiner »Hauptfrau«, ist überliefert, dass sie nicht müde wurde hervorzuheben, wie sehr ihr verstorbener Gatte Süßigkeiten und besonders Honig mochte. Und dass Allah ihn segnen möge, denn sie teilte seine Vorliebe für alles Süße.
Süßspeisen haben bereits seit dem frühen Mittelalter im Orient Konjunktur. Zucker war zwar auch kostbar, doch längst nicht so rar wie in der europäischen Küche. Er kam hauptsächlich aus ägyptischen oder chusesistanischen Zuckerrohrplantagen, wurde in größeren Stücken aufbewahrt und zum Gebrauch mehr oder weniger fein gemahlen. Noch praktischer war die Lagerung in Form von Sirup, wozu die süßen Kristalle in Wasser oder in Rosenwasser aufgelöst wurden. Schon sehr früh hatte man erkannt, dass unbeschichtete Kupfergefäße sich am besten für die Zuckerverarbeitung eignen, geht doch dieses Metall keine chemische Verbindungen mit dem Inhalt ein.

Marzipan – eine persische Erfindung

Löst man Zucker bei hoher Temperatur bis zur Sättigungsgrenze, so erhält man nach dem Erkalten eine Masse von fester und doch weicher Konsistenz, in die man gut verschiedene Zutaten und Gewürze einkneten kann. Nüsse und Mandeln haben dabei besondere Bedeutung, weil deren ätherische Öle zur Aromatisierung der Süßspeisen beitragen. Nimmt man zu den Mandeln noch Rosenwasser und einige Gewürze, so ist man schnell bei den Grundbestandteilen für Marzipan. Dieses »Haremskonfekt« (Thomas Mann) wurde nicht in Lübeck, sondern im fernen Persien erfunden. Dort wird schon seit Menschengedenken zum Neujahrsfest (am 20. Mai) ein süßes Naschwerk zubereitet: Kleingestoßene geschälte Mandeln wurden mit Kardamom, Rosenwasser und Puderzucker verknetet und eine Nacht lang in einer langstieligen Kupferpfanne geröstet. Den Namen Marzipan erhielt diese Köstlichkeit, deren Genuss angeblich Rückenmark und Gehirn zu vermehren imstande war, erst im Mittelalter. Über die Herkunft des Namens gibt es verschiedene Theorien: Vom heiligen Markus, dem Schutzpatron Venedigs, sei das *marci panis* abgeleitet, sagen die einen, während andere behaupten, das arabische Wort *mauthaban*, einen thronenden König bezeichnend, sei auf verschlungenem Wege zum Begriff Marzipan geworden.

Natürlich süß – Honig

Der zweite wichtige Süßstoff im Orient war Honig. Doch seine Verwendung war nicht so verbreitet wie die des Zuckers, weil dieses Naturprodukt in unterschiedlichen Qualitäten, Farben und Konsistenzen vorkam. Honig wurde hauptsächlich für Getränke und zur Verfeinerung von Früchten verwendet.
Wenn eine simple Dattel bereits eine Köstlichkeit darstellte, so fühlte man sich nach dem Genuss einer Honigdattel fast schon im Paradies. Dazu wurde der Kern der Dattel durch eine Mandel ersetzt und die Früchte in einer Mischung aus Safran, Honig und Rosenwasser geköchelt. Nach dem Erkalten mit Zucker überstreut und mit weiteren Gewürzen aromatisiert, ließ man sie in Glasgefäßen mehrere Monate ruhen, bevor man sie aß.

Eine ewige Liebe

Die Liebe der Araber zu süßen Leckereien hat bis heute nicht nachgelassen. Eine Mahlzeit ohne mit Sirup getränkten Kuchen, kandierte Früchte und frittierte Hefepfannkuchen als krönenden Abschluss ist unvollständig. Die Backwerke tragen oft sehr ungewöhnliche Namen: Wer denkt schon bei *udun el khadi* (= das Ohr des Richters) an eine Hefeschnecke und wer würde bei uns ein Gebäck *chabbakia* (= das Fenster) nennen, nur

Ein ägyptischer Händler bietet *Konafa* an, einen Teig, der aus lauter Fäden besteht. Sirupgetränkt und mit Käsefüllung ergibt er einen beliebten Snack.

Baklava und Konafa mit Mandeln und kandierten Kirschen werden auch fertig verpackt angeboten.

Verführerische Köstlichkeiten: Kataif, Minztee, Lokum, Melone, prachtvolle Rosen und Rosenkonfitüre.

Im Basar von Minje/Ägypten. Der prächtige Goldschmuck und das bunte Kleid sind normalerweise unter dem dunklen Übergewand verborgen.

Silberketten, Messingteller und Wasserpfeifen bei einem Händler im Basar von Kairouan/Tunesien.

weil seine wellenartige Form an Fenstergitter erinnert. Im Fastenmonat Ramadan ist Süßes noch wichtiger als sonst. Nach Anbruch der Dunkelheit werden als erstes einige Datteln gegessen und süßer Tee getrunken, um den Magen auf die folgenden Genüsse vorzubereiten. Nach dem Besuch der Moschee wird dann getafelt und gefeiert. Auch hier sind die süßen Sachen der krönende Abschluss.

Süßes in der türkischen Küche

Besonders süße Maßstäbe setzt die türkische Küche mit Lokum (Rezept Seite 194) und türkischem Honig (Seite 203). Hier sind Zutaten wie Kirschsaft, Sesam und Zimt nur ein Vorwand für den reinen Zuckergenuss.

Bei dieser hingebungsvollen Zuneigung zur süßen Droge Zucker ist es kein Wunder, wenn in türkischen Restaurants sogar ein Hähnchengericht auf der Karte zu finden ist, das in der Hauptsache mit Zucker gewürzt ist: *Tavukğögüsü*, eine süße puddingartige überbackene Zubereitung von Hühnerbrust.

Denn, wie sagt da so treffend ein altes Sprichwort: »Süßes verspricht dem Jüngling Abenteuer und mäßigt das Temperament junger Frauen«.

Verführerische Düfte

Vielleicht aber hat dieses Sprichwort weniger mit dem gezuckerten Naschwerk und dafür umso mehr mit den Düften zu tun, die morgens vor Sonnenaufgang aus einer Damaszenerrose aufsteigen. Zu so früher Stunde ist die Duftstoffproduktion der Blüte am größten. Das ist auch der Zeitpunkt der Ernte auf den Rosenfeldern in Aserbeidschan, dem Irak oder der Türkei, um aus Tausenden von Blüten wenige Gramm des wertvollen Rosenöls zu destillieren. Schon früh wusste man aus diesem Öl zusammen mit aromatischen Kräutern und Wurzeln Produkte herzustellen, die nicht nur verführerisch duften, sondern in dem heißen Klima auch vor Insekten und damit Krankheiten schützen. Parfums waren im Orient schon früh Bestandteil der Alltagskultur. Selbst der Prophet soll geschwärmt haben, Parfüm »ist die Nahrung, die mein Denken belebt«. Wie wichtig der Duft im Leben der Araber heute noch ist, zeigt das Beispiel des Neroliöls (aus den Blüten des Bitterorangenbaums). Neugeborene bekommen damit parfümierte Milch und werden mit Neroliwasser gewaschen, Kranken wird es als Medizin gereicht. In den Basaren von Kairo, Damaskus und Tunis gibt es noch Parfümläden, in denen Kunden unter unendlich vielen Essenzen wählen können. Da werden die Reinheit des Rosenöls, des Safrans oder des Weihrauchs gepriesen und Fläschchen mit »echtem« Moschus oder Ambra angeboten (die aus Tierschutzgründen schon längst nicht mehr gehandelt werden). Heute sind es oft synthetische Düfte. Das sollte aber den Spaß am Auswählen nicht mindern.

Gold und Silber

Silber gilt als besonders segensreich, Kupfer als heilkräftig, Muscheln und Korallen fördern die Fruchtbarkeit. Schmuck besitzt aber nach orientalischen Vorstellungen nicht nur Schutzfunktionen, er signalisiert auch den Reichtum der Familie und kündet vom sozialen Status des Trägers. Der Krummdolch z.B. ist immer noch Attribut der Männlichkeit und der Rechtsfähigkeit. Vor allem aber dient Schmuck der finanziellen Absicherung. So musste im Jemen bis vor einiger Zeit ein heiratswilliger Mann den Brautpreis an den Schwiegervater in Silber bezahlen. Im bäuerlichen Milieu ist die Frau manchmal noch eine Art wandelnde Bank der Familie: Je besser die Ernte ausgefallen ist, umso mehr wird sie mit Schmuck behängt.

Unter der wohlhabenden städtischen Bevölkerung hat in der Beliebtheitsskala das Gold inzwischen dem Silber den Rang abgelaufen.

Teppiche – gewebte Sammlerstücke

Die Kunst des Webens beherrschten die Nomadenvölker schon früh. Schafe und Ziegen lieferten das Grundmaterial, das mit natürlichen Substanzen gefärbt wurde. So entstanden farbenprächtige Werke: vielfältig nutzbare Aufbewahrungsbehälter, wärmende Decken und Teppiche. Farben und Muster waren nicht nur Schmuck, sondern Erkennungszeichen einer Sippe. Heute sind Webteppiche, wie die türkischen Kelims oder die derberen, aber prächtig gefärbten, grafisch gemusterten marokkanischen Teppiche beliebte Sammlerstücke; jedes Stück ist ein Unikat. Eine einzigartige Sammlung ist übrigens im Museum für türkische und islamische Kunst in Istanbul zu sehen.

Reiches Angebot von Goldschmuck im Khan Al-Khalili in Kairo/Ägypten.

links: Am Stiel lassen sich Datteln gut lagern und auch transportieren.
rechts: Hier werden getrocknete, gepresste Datteln angeboten.

Dattelpalme mit reifen Früchten.

Marktstand in Kairouan/Tunesien mit Datteln und Früchten.

Datteln – das Brot der Wüste

»Die süßesten Datteln schmecken wohl am besten, doch sind sie den faulen näher als den grünen.«

Orientalische Prosa ist reich an Sprichwörtern und Lebensweisheiten und wenn es eine Hitparade der meistgenannten Früchte gäbe, Nummer eins gehörte der Dattel. Unangefochten und schon seit Jahrtausenden – ist die Dattelpalme doch eine der ältesten Kulturpflanzen.

Nicht nur die bekannten süßen Früchte – botanisch gesehen handelt es sich um Beerenobst – mit ihren leicht verdaulichen und nährstoffreichen Bestandteilen machen die Dattel zum absoluten Hit für den Wüstenproviant, auch das Holz und die riesigen Palmwedel haben für die Bewohner hohen Gebrauchswert. Matten, Taschen, Säcke, Körbe, ja sogar Gurte, Seile und Nähnadeln lassen sich aus diesem Wunderbaum anfertigen. Und sollte die Dattelausbeute einmal nachlassen, so lässt sich die Pflanze anzapfen: Aus den Stümpfen der abgeschnittenen Blätter sprudelt köstlicher Palmsaft, täglich bis zu 10 Liter, der entweder getrunken oder zu Palmwein, Palmessig oder Palmzucker verarbeitet werden kann.

So eine Dattelpalme bringt es leicht auf 100 Jahre Lebensdauer, wenn sie regelmäßig viel Wasser bekommt. Sie ist ein Synonym für Leben schlechthin. Stößt der verirrte Wüstenwanderer auf diese Pflanzen, so ist er vorerst gerettet. Wasser findet er dort allemal.

Gut Ding will Weile haben, und so braucht die Dattelpalme erst einmal 10 Jahre, bis sich die ersten pflaumenartigen Früchte zeigen. Danach aber kann geerntet werden, bis zu 200 Datteln pro Palme. Neben einer wertvollen Zuckerart, ähnlich der im Honig, liefert die Dattel reichlich Mineralstoffe wie Calcium, Magnesium, Kalium und Eisen. Dazu B- und D-Vitamine, weshalb die Früchte schon seit ewigen Zeiten als Heilmittel für alles mögliche ausgelobt wurden. So berichtete im 16. Jahrhundert ein ernährungskundiger Scheich: »Datteln stärken den Leib, reichern das Blut an und kräftigen die Lenden.« Und wenn ihn ein Fieber überkam, so verzehrte er sie in Milch gekocht.

Salat von Trockenfrüchten

Zubereitungszeit: 1 Std.
Ruhezeit: 12 Std.
Pro Portion ca.: 625 kcal

Zutaten für 4 Personen:
200 g brauner Zucker
3 Stück Zimtrinde
4 Stück Sternanis
2 Limetten
50 g Datteln
100 g getrocknete Aprikosen
50 g Rosinen
100 g getrocknete Apfelstücke
100 g kandierte Ananasscheiben
100 g kandierte Kürbisscheiben
50 g Walnusshälften

1/4 l Wasser aufkochen lassen und den Zucker darin auflösen. Zimtrinde und Sternanis hinzufügen und köcheln lassen, bis der Zucker sich ganz aufgelöst hat. Vom Herd nehmen und abkühlen lassen.

Die Limetten auspressen und ihren Saft mit dem Sirup verrühren. Alle Trockenfrüchte hineingeben und gründlich mischen. Die Früchte im Sirup zugedeckt über Nacht im Kühlschrank durchziehen lassen.

Kurz vor dem Servieren Zimt und Sternanis aus dem Salat nehmen. Die Walnüsse etwas zerkleinern und untermischen.

Gefüllte Datteln

Zubereitungszeit: 15 Min. + Abkühlzeit
Pro Portion ca.: 335 kcal

Zutaten für 4 Personen:
12 große Datteln
50 g Butter
1/2 TL Rosenwasser
75 g gehackte Pistazienkerne
4 EL Puderzucker
1 EL gehackte Pistazienkerne zum Bestreuen

Die Datteln mit einem scharfen Messer längs einschneiden und vorsichtig entkernen. Die Öffnung mit dem Daumen etwas vergrößern.

Die Butter schmelzen und mit dem Rosenwasser und den Pistazien mischen. Den Puderzucker darüber sieben und unterrühren.

Alles in einem Mörser oder mit dem Pürierstab zu einem sämigen Brei verarbeiten. Bei Bedarf etwas Wasser hinzugeben.

Die Butter-Nuss-Masse mit einem Teelöffel in die Öffnungen der Datteln füllen. Die Datteln kühl stellen.

Nach dem Erkalten die Datteln etwas zusammendrücken, mit Pistazien bestreuen und auf einen Teller setzen.

Varianten

Die Füllung passt auch gut für getrocknete Pflaumen. Diese müssen vorher mindestens 2 Std. in Wasser quellen.

Wenn es schnell gehen soll, können Sie einfach nur Marzipan oder Nüsse in die Datteln füllen.

Grieß mit Datteln und Karamellsauce

Zubereitungszeit: 30 Min. + Abkühlzeit
Pro Portion ca.: 635 kcal

Zutaten für 4 Personen:
Für den Grießpudding:
1 unbehandelte Orange
1/4 l Milch, 50 g Zucker
1 Prise Salz
50 g Grieß
125 g Sahne

Für die Karamellsauce:
250 g Datteln
100 g brauner Zucker
125 g Sahne oder Schmand
4 EL gehackte Walnusskerne

Für den Pudding die Orange waschen, abtrocknen und die Schale in die Milch abreiben. Zucker und Salz hinzufügen und kurz aufkochen lassen. Den Grieß dazugeben und unter ständigem Rühren 5–8 Min. köcheln, dann abkühlen lassen.

Die Sahne steif schlagen und unter den Grieß heben.

Für die Sauce die Datteln entkernen. In einer heißen Pfanne den Zucker bei mittlerer Hitze unter ständigem Rühren zum Schmelzen bringen. Mit etwas Wasser ablöschen und sofort vom Herd nehmen. Datteln und Sahne unterrühren und etwas einkochen lassen.

Den Grießpudding auf Teller verteilen. Die Karamellsauce mit den Datteln dazugeben. Die Walnüsse darüber streuen.

TIPP

Als passendes Getränk servieren Sie süßen schwarzen Tee mit Minze.

Grießpudding ist im Orient ein üppiges Gericht, denn man isst ihn gerne mit eingedickter Büffelsahne – am besten zu ersetzen durch Crème fraîche.

Getrocknete Feigen setzen häufig auch in Fleischgerichten einen geschmacklichen Kontrast (z.B. Tajine mit Hühnchen, Seite 153).

Getrocknete Kirschen, *Pfirsiche, Mangos, Ananas, Tomaten und andere getrocknete Früchte werden in orientalischen Gerichten – auch herzhaften – mitgekocht. Oft muss man sie vor der Zubereitung einweichen.*

Dessert aus getrockneten Aprikosen

Zubereitungszeit: 30 Min. + Abkühlzeit
Pro Portion ca.: 470 kcal

Zutaten für 4 Personen:
1 unbehandelte Zitrone
125 ml Weißwein (oder Wasser)
1 Zimtstange
4 Stück Sternanis
150 g Zucker
500 g getrocknete Aprikosen

Die Zitrone heiß waschen, abtrocknen und die Schale mit einem scharfen Messer sehr dünn abschälen. Das Fruchtfleisch für andere Zwecke verwenden.

Die Zitronenschalen und alle anderen Zutaten bis auf die Aprikosen in einen großen Topf geben. Unter Rühren bei schwacher Hitze kochen lassen, bis sich der Zucker aufgelöst hat.

Die Aprikosen dazugeben und 15 Min. köcheln lassen. Das Dessert abkühlen lassen und kalt servieren.

TIPP

Zitrusfrüchte sollte man sicherheitshalber immer mit heißem Wasser und etwas Spülmittel waschen, sorgfältig abspülen und fest abtrocknen. So können Sie das schädliche Diphenyl und das Wachs entfernen.

Feigenpüree

Zubereitungszeit: 10 Min.
Quellzeit: 2 Std.
Pro Portion ca.: 185 kcal

Zutaten für 4 Personen:
250 g getrocknete Feigen
1/2 TL Bittermandelessenz
1/2 TL Vanillezucker
3 EL Sahne
frische Zitronenmelisse für die Dekoration

Die Feigen in warmem Wasser 2 Std. einweichen.

Die Früchte grob schneiden, dabei die Stielansätze entfernen. Mit dem Pürierstab verquirlen, dabei eventuell etwas Einweichwasser hinzugeben, damit die Masse schön weich wird. Mit Bittermandelessenz mischen.

Den Vanillezucker unter die Sahne rühren. Das Feigenpüree in Schalen anrichten und die Sahne darüber gießen. Mit Melisseblättern dekorieren.

Variante
Pflaumenpüree

250 g Backpflaumen ohne Kern 2 Std. in Wasser einweichen. Dann aus dem Wasser nehmen und mit 2 cl Armagnac und 1/2 TL Zimtpulver pürieren. Eventuell das Püree noch mit etwas Einweichwasser verdünnen.

Bulgurdessert mit Trockenfrüchten

Zubereitungszeit: 40 Min.
Ruhezeit: 12 Std.
Pro Portion ca.: 325 kcal

Solch ein Dessert mit Trockenfrüchten passt gut nach einem leichten Hauptgericht.

Zutaten für 4 Personen:
150 g feiner Bulgur
1 getrocknete Limette (Seite 106)
50 g Rosinen
50 g getrocknete Aprikosen
50 g getrocknete Äpfel
50 g kandierte Ananas
50 g kandierter Kürbis
8 EL brauner Zucker
1/2 TL Zimtpulver
1 Stück Zimtrinde

Ein grobes Sieb mit einem Küchentuch auslegen, den Bulgur hineingeben und das Sieb über einen passenden Topf hängen. Mit kochendem Wasser überbrühen, zudecken und 15 Min. über dem Wasser dämpfen. Zwischendurch hin und wieder mit der Gabel auflockern. Beiseite stellen.

Mit einem Spieß die Limette mehrfach einstechen. Trockenfrüchte grob zerkleinern und mit der Limette, dem Zucker, dem Zimt und der Zimtrinde in 1/2 l Wasser geben. Aufkochen und einige Minuten köcheln lassen. Erkalten lassen und zugedeckt 12 Std. kühl stellen.

Die Früchte durch ein Sieb abseihen und dabei den Sirup auffangen. Die Früchte mit dem Bulgur anrichten, dabei die Zimtrinde entfernen und etwas Sirup darüber träufeln.

TIPP

Gut schmeckt dazu eine Joghurtsauce: Joghurt mit etwas Puderzucker verrühren und über den Bulgur gießen.

Bulgurdessert mit frischen Früchten

Zubereitungszeit: 1 Std.
Pro Portion ca.: 285 kcal

Zutaten für 4 Personen:
150 g feiner Bulgur
3 Orangen
100 g brauner Zucker
1/2 TL gemahlener Kardamom
1 Prise Zimtpulver
2 Kiwi, 1 Granatapfel
frische Minze zum Dekorieren

Ein grobes Sieb mit einem Tuch auslegen, den Bulgur einfüllen und das Sieb über einen passenden Topf hängen. Mit kochendem Wasser überbrühen, zudecken und 15 Min. über dem Wasser dämpfen. Zwischendurch hin und wieder mit der Gabel auflockern. Beiseite stellen.

1 Orange auspressen. Den Saft mit dem Zucker und den Gewürzen aufkochen und köcheln lassen, bis der Zucker gelöst ist.

Die restlichen Orangen schälen und filetieren. Die Kiwi schälen und in Längsscheiben schneiden. Den Granatapfel halbieren, die Kerne ohne die weißen Zwischenhäute auslöffeln.

Die Granatapfelkerne mit dem Bulgur mischen. Auf einer Platte Kiwi und Orangenfilets anrichten. Granatapfel-Bulgurmischung darauf setzen und etwas Sirup darüber träufeln. Mit Minzeblättern dekorieren.

Süße Gerichte aus Mandelmilch sind an heißen Tagen Wohltat und Genuss. Sie sollten stets gekühlt serviert werden.

Mandeln *wachsen wie die Oliven ebenfalls seit Tausenden von Jahren rund ums Mittelmeer und in Zentralasien. Im Orient werden sie für süße, herzhafte Gerichte verwendet. Ein beliebter Snack sind geröstete, gesalzene Mandeln: Einfach gehäutete Mandeln im Backofen bei 200° 10 Min. rösten und in Salz wenden.*

Mandelmilch

Zubereitungszeit: 30 Min. + Abkühlzeit
Einweichzeit: 2 Std.
Pro Portion ca.: 285 kcal

Zutaten für 4 Personen:
600 g gemahlene Mandeln
200 g Zucker
abgeriebene Schale von 1 unbehandelten Orange

Die gemahlenen Mandeln in eine große Schüssel geben und 1 1/2 l Wasser dazugießen. 2 Std. einweichen.

Die Flüssigkeit 2–3-mal über ein Haarsieb in eine andere Schüssel abgießen. Anschließend die Mandeln in ein Küchentuch füllen und über der Mandelmilch gut ausdrücken.

Die Orangenschale und den Zucker in die Milch rühren, bis er sich gut verbunden hat. Die Mandelmilch eiskalt servieren.

Variante
Mandel-Dattel-Konfekt

300 g geschälte Mandeln in neutralem Öl goldbraun rösten. Auf Küchenpapier abtropfen lassen. 700 g weiche Datteln entkernen und fein hacken. 6 EL Butter in der Pfanne schmelzen lassen, die Datteln darin bei schwacher Hitze unter Rühren erhitzen. 1/2 TL gemahlenen Kardamom unterrühren und abkühlen lassen.

Kleine Teile vom Dattelteig abnehmen, jeweils 1 Mandel in die Mitte drücken und zu fingerdicken Röllchen formen. 150 g Kokosflocken auf einen Teller geben. Das Dattelkonfekt darin wälzen. Reicht als Dessert für 8–10 Personen.

Mandelpudding mit glasierten Trauben

Zubereitungszeit: 30 Min.
Kühlzeit: 2 Std.
Pro Portion ca.: 355 kcal

Zutaten für 4 Personen:
Für den Pudding:
40 g gehobelte Mandeln
2 EL Speisestärke
400 ml Milch, 3 EL Zucker
5 Tropfen Bittermandelessenz

Für die Trauben:
200 g grüne Weintrauben
1 TL Zitronensaft
3 TL Zucker, 1/2 TL Speisestärke

Für die Vanillesauce:
75 g Sahne
2 Tropfen Vanilleessenz
1 EL Zucker

Zum Anrichten:
50 g gehackte Mandeln
Zitronenmelisse oder Minze

Die Mandeln in einer trockenen Pfanne bei mittlerer Hitze bräunen, dabei immer wieder wenden.

Die Speisestärke mit 2 EL Wasser klumpenfrei anrühren. Die Milch mit dem Zucker und der Bittermandelessenz zum Kochen bringen. Mit einem Schneebesen die angerührte Stärke einrühren und unter ständigem Rühren 2–3 Min. köcheln lassen. Die angebräunten Mandeln hineingeben. Die Mandelmilch in eine Schüssel umfüllen. Für 2–3 Std. kalt stellen.

Die Trauben waschen, halbieren und entkernen. 3 EL Wasser mit Zitronensaft, Zucker und Speisestärke aufkochen lassen. Trauben unterrühren und auskühlen lassen.

Die Sahne mit Vanilleessenz und Zucker halbsteif schlagen. Den Mandelpudding mit dem Traubenkompott und der Sauce anrichten. Mit den gehackten Mandeln und Zitronenmelisse oder Minze garnieren.

Die Fayencetechnik hat im Orient große Tradition. Auch Gebrauchsgegenstände wie hier der Teller, auf dem Zitronenpudding angerichtet ist, wurden kunstvoll gestaltet.

Zitronenpudding mit Kürbiskompott

Zubereitungzeit: 1 Std.
Ruhezeit: 2 Std.
Pro Portion ca.: 185 kcal

Zutaten für 4 Personen:
Für den Pudding:
2 Eier, 1 1/2 EL Speisestärke
300 ml Milch
3 EL Zucker
75 g Joghurt
abgeriebene Schale von
1/2 unbehandelten Zitrone

Für die Zitronensauce:
50 ml Weißwein
2 EL Zitronensaft
3 EL Zucker, 1 Prise Speisestärke

Für den Kürbis:
200 g Kürbis, 2 EL Zucker
1 unbehandelte Zitrone

Eier trennen. Eiweiße zu Schnee schlagen. Die Speisestärke mit 1 EL Wasser verrühren.

Die Milch mit dem Zucker zum Kochen bringen. Die Eigelbe und die angerührte Stärke unterrühren und unter ständigem Rühren 2–3 Min. köcheln lassen, bis die Milch eingedickt ist.

Die Masse leicht abkühlen lassen. Den Joghurt und die Zitronenschale einrühren, den Eischnee unterheben. Den Zitronenpudding in passende Förmchen füllen und 1–2 Std. in den Kühlschrank stellen.

Für die Sauce den Weißwein (bis auf 1 EL) mit Zitronensaft und Zucker unter ständigem Rühren aufkochen lassen. Die Speisestärke in dem restlichen Wein anrühren, dazugießen, aufkochen und abkühlen lassen.

Den Kürbis schälen, entkernen und in 2 cm schmale Streifen schneiden. 1/4 l Wasser mit dem Zucker aufkochen lassen, Kürbisstücke darin weich kochen, in ein Sieb abgießen.

Die Zitrone mit einem scharfen Küchenmesser sehr dünn schälen. Die Schale kurz in kochendem Wasser blanchieren. Mit Küchenpapier trockentupfen, in dünne Streifen schneiden.

Den erkalteten Zitronenpudding auf vier Teller stürzen. Mit Zitronensauce, Kürbisstücken und Zitronenstreifen anrichten.

Zimtpudding

Zubereitungzeit: 20 Min. + Abkühlzeit
Pro Portion ca.: 165 kcal

Zutaten für 6 Personen:
50 g Reismehl
1 Eigelb
1/2 l Milch
100 g Zucker
1 TL Zimtpulver

Das Reismehl in 1/8 l Milch anrühren, dann das Eigelb darunter rühren.

Die Milch mit dem Zucker zum Kochen bringen. Die Hitze reduzieren und das angerührte Reismehl langsam in die Milch rühren. Bei schwacher Hitze etwa 4 Min. kochen lassen, bis ein dicklicher Brei entsteht. Dabei immer wieder rühren.

Den Pudding abkühlen lassen und in Schalen füllen. Mit Zimt bestreuen.

Varianten

Zum Anrichten können Sie auch Kokosflocken darüber streuen. Oder den Pudding mit gehackten Nüssen oder Granatapfelkernen servieren. Natürlich passt auch anderes Obst.

»Sharab« ist das arabische Wort für schlürfen, im Türkischen wurde es zu »şerbet« für kühles Getränk – und damit sind wir der Herkunft des Begriffs »Sorbet« schon dicht auf der Spur.

Läuterzucker *ist nichts anderes als hochprozentiges Zuckerwasser. Zucker und Wasser in gleichen Gewichtsteilen so lange durchrühren, bis aller Zucker in Lösung gegangen ist. Für ein besseres Aroma sollte man Rohrzucker verwenden (Seite 229).*

Grundrezept Sorbet

Die Sorbetmasse 1 1/2 Std. in das Gefriergerät stellen.

Den Eischnee unter die angefrorene Masse heben und erneut für 2 1/2–3 Std. in das Gefriergerät stellen. Nach 30 Min. gut durchmischen und den Vorgang alle 30 Min. wiederholen, bis die Mischung cremig und gefroren ist.

Birnensorbet

Zubereitungszeit: 20 Min.
Gefrierzeit: ca. 4 Std.
Pro Portion ca.: 250 kcal

Zutaten für 4 Personen:
6 reife Birnen, 100 ml Läuterzucker
2 EL Zitronensaft
2 Eiweiß, 1 Stängel frische Minze

5 Birnen waschen, entkernen, in Stücke schneiden und ungeschält im Mixer fein pürieren. Zitronensaft mit dem Läuterzucker und Birnenmus in einer runden Metallschüssel verrühren. Nach dem Grundrezept gefrieren lassen. Nach 1 1/2 Std. die Eiweiße steif schlagen, unterheben.

Die restliche Birne ohne die Kerngehäuse in dünne Spalten teilen, die Minze waschen und abzupfen. Einige Blätter in dünne Streifen schneiden. Das Sorbet mit dem Messer in 8 Stücke schneiden und diese auf 4 vorgekühlte Teller verteilen. Mit den Birnenstücken und der Minze dekorieren.

Zitronensorbet

Zubereitungszeit: 20 Min.
Gefrierzeit: ca. 4 Std.
Pro Portion ca.: 220 kcal

Zutaten für 4 Personen:
4 Zitronen, 2 unbehandelte Zitronen
150 ml Läuterzucker, 80 ml Milch
2 Eiweiß, 1 Stängel frische Minze
1 EL Pistazienkerne

Die 4 Zitronen und 1 unbehandelte auspressen. Vorher von der unbehandelten die Schale sehr dünn abschälen und in schmale Streifen schneiden. Den Zitronensaft mit dem Läuterzucker in einer Metallschüssel mischen. Nach dem Grundrezept gefrieren lassen. Nach 1 1/2 Std. die Eiweiße steif schlagen und mit der Milch unterheben.

Die restliche Zitrone in dünne Spalten teilen, die Pistazien hacken und die Minze waschen und abzupfen.

Das Sorbet mit zwei Esslöffeln zu Bällchen formen, auf vorgekühlte Teller setzen. Mit den Zitronenstücken, der -schale, den Pistazien und den Minzeblättern dekorieren.

Orangensorbet

Zubereitungszeit: 20 Min.
Gefrierzeit: 4 Std.
Pro Portion ca.: 220 kcal

Zutaten für 4 Personen:
5 Orangen, 50 ml Läuterzucker
1/2 TL Zimtpulver
1 unbehandelte Orange
2 Eiweiß, 10 Paranüsse
1 Stängel frische Minze
1 EL gehackte Pistazienkerne

Die 5 Orangen auspressen. Den Saft mit dem Läuterzucker und dem Zimt in eine Schüssel geben und verrühren. Nach dem Grundrezept gefrieren lassen. Nach 1 1/2 Std. die Eiweiße steif schlagen, unterheben.

Die unbehandelte Orange heiß waschen, abtrocknen und in Scheiben schneiden, diese halbieren. Die Paranüsse grob hacken, die Minze waschen und abzupfen.

Das Sorbet mit einem großen Eisportionierer auf vorgekühlte Teller verteilen und mit den Orangenstücken, den Nüssen und den Minzeblättern dekorieren.

Auf Seite 182 sehen Sie links das Birnensorbet, rechts Zitronensorbet und hier Orangensorbet.

Tamarind-Limonade

Zubereitungszeit: 30 Min. + Abkühlzeit
Pro Glas ca.: 230 kcal

Zutaten für 5 Gläser (à 200 ml):
100 g Tamarindenmark (Glas)
150 g Zucker
12 getrocknete Feigen
4 Stängel Minzblätter
50 g gesalzene Kürbiskerne
Holzspieße

In einem großen Topf das Tamarindenmark mit 1 l Wasser und dem Zucker zum Kochen bringen. Bei schwacher Hitze 20 Min. köcheln lassen, dabei verdampfendes Wasser auffüllen.

Die Limonade durch ein Leinentuch laufen lassen. Erkalten lassen und nach Geschmack nachsüßen.

Zum Anrichten je 3 Feigen auf Holzspieße stecken und mit Minzblättern auf die Gläser legen. Limonade gut gekühlt servieren. Kürbiskerne zum Knabbern dazulegen.

Variante: Granatapfelsaft

Hierfür Granatäpfel wie eine Zitrusfrucht auspressen und mit Zitronensaft und Puderzucker nach Geschmack verrühren. Mit Eiswürfeln servieren.

Limettenlimonade

Zubereitungszeit: 20 Min.
Ruhezeit: 12 Std.
Pro Glas ca.: 170 kcal

Zutaten für 4 Gläser:
7 Limetten
150 g Zucker
1 Vanilleschote
10 Eiswürfel
1 Zweig Zitronenblätter

6 Limetten heiß waschen, halbieren und auspressen. Die Spitzen der Hälften abschneiden und die Schalen im Mixer zerkleinern. In eine Schüssel geben, 300 ml Wasser und den ausgepressten Saft dazugeben und zugedeckt über Nacht in den Kühlschrank stellen.

Den Zucker und die Vanilleschote mit 300 ml Wasser aufkochen und 10 Min. unter Rühren weiterköcheln lassen. Der Sirup darf keinesfalls Farbe annehmen. Vom Herd nehmen, abkühlen lassen und die Vanille entfernen.

Die Limettensaftmischung durch ein feines Sieb seihen und mit dem Sirup mischen. In Gläser füllen und Eiswürfel dazugeben. Restliche Limette in dünne Scheiben schneiden und auf die Getränke verteilen.

Variante: Orangenlimonade

16 Saftorangen auspressen, nach Geschmack mit Zucker süßen, 1 TL Orangenblütenwasser unterrühren. Gläser zur Hälfte damit füllen, mit eiskaltem Wasser aufgießen und mit Minzeblättern garnieren. Schmeckt auch mit dem Saft von 8 Zitronen.

Zitrusblätter sind nicht nur Dekoration, sondern steigern durch ihr Aroma auch den Genuss.

»Sesam öffne dich« – eine Redewendung für hoffnungslose Fälle, als Zauberspruch ein letzter, manchmal vergeblicher Versuch, ein Geheimnis zu lüften oder etwas zu öffnen. Dass dieser unscheinbare Samen Pate für diesen Zauberspruch ist, ist sicher kein Zufall, denn er birgt wahre Schätze in sich. Er enthält neben wertvollen Bestandteilen bis zu 50 % Öl und wird für Brot und süßes Gebäck verwendet. Aus den gerösteten Körnern stellt man Sesampaste her, während für Tahina roher Sesam genommen wird.

Für einen Joghurtdrink 450 g Joghurt, 200 ml Milch und 2 EL flüssigen Honig im Mixer mischen und auf Gläser verteilen. Mit feinen Streifen von Minze dekorieren.

Sesamhörnchen

Zubereitungszeit: 20 Min.
Backzeit: 10 Min.
Pro Stück ca.: 70 kcal

Zutaten für ca. 30 Stück:
80 g Butter
100 g Mehl
100 g gemahlene Mandeln
60 g Zucker
1 Eibelb
50 g Sesamsamen
Backpapier für das Blech

Den Backofen auf 180° vorheizen. Das Backblech mit Backpapier auslegen. Die Butter mit dem Mehl, den Mandeln, dem Zucker und dem Eigelb zu einem Teig verarbeiten.

Vom Teig walnussgroße Stücke abnehmen, zu kleinen Würstchen rollen und diese gründlich im Sesam wälzen. U-förmig biegen und auf dem Backblech verteilen. Die Hörnchen im Backofen (Mitte, Umluft 160°) 10 Min. backen.

Mandelplätzchen

Vorbereitungszeit: 20 Min.
Ruhezeit: 30 Min.
Backzeit: 15 Min.
Pro Stück ca.: 110 kcal

Zutaten für ca. 50 Stück:
250 g Butter, 200 g Puderzucker
100 g gemahlene Mandeln
250 g Speisestärke
1 Msp. gemahlener Kardamom nach Belieben
50 ganze Haselnüsse (ca. 200 g)
Backpapier für das Blech

Die Butter mit der Hälfte des Zuckers, den Mandeln, der Stärke und dem Kardamom zu einem Teig kneten. Daraus etwa 3 cm dicke Rollen formen, in Klarsichtfolie wickeln und 30 Min. kühl stellen. Den Backofen auf 160° vorheizen. Das Blech mit Backpapier auslegen.

Die Teigrollen in etwa 3 cm große Scheiben schneiden und daraus Kugeln formen. Mit einem Küchenmesser Rillen eindrücken und jeweils 1 Haselnuss obenauf setzen. Mit etwas Abstand auf das Blech setzen. Die Plätzchen im Backofen (unten, Umluft 140°) 12–15 Min. backen.

Die fertigen Plätzchen herausnehmen, etwas abkühlen lassen und mit dem restlichen Puderzucker überstreuen.

Pastilla

Zubereitungszeit: 30 Min.
Quellzeit: 1 Std.
Backzeit: 25 Min.
Pro Portion ca.: 690 kcal

Zutaten für 4 Personen:
Für die Vanillesauce:
3 Eier
25 g Speisestärke
1/2 l Milch
1 Vanilleschote (oder 1 Päckchen Vanillezucker)
125 g Zucker

Für die Pastilla:
400 g gemischte Trockenfrüchte (Datteln, Aprikosen, Backpflaumen, Rosinen)
4 große eckige Filoteigblätter (40 x 60 cm)
1/2 TL Zimtpulver
30 g Butter
Mehl für die Arbeitsfläche
Fett für das Backblech
Puderzucker zum Bestreuen

Für die Pastilla die Trockenfrüchte mit kochendem Wasser übergießen und 1 Std. quellen lassen.

Für die Vanillesauce die Eier trennen. Eigelbe mit der Speisestärke und etwas Milch gründlich verquirlen. Vanilleschote längs aufschlitzen und das Mark sorgfältig herausschaben. Vanillemark und -schote mit der restlichen Milch und dem Zucker in einem großen Topf aufkochen lassen. Die Schote herausnehmen. Die Eigelbmasse in die Milch rühren und noch einmal kurz aufwallen lassen. Die Sauce erkalten lassen und beiseite stellen.

Für die Pastilla 1 Filoteigblatt zweimal zusammenfalten, so dass ein Teller von 18 cm Ø ohne viel Verschnitt darauf passt. Den Teig um den Teller herum ausschneiden, so entstehen 4 runde Teigblätter. Das Backblech fetten. Den Backofen auf 170° vorheizen.

2 ganze Filoteigblätter aufeinander auf die Arbeitsfläche legen. Trockenfrüchte gut abtropfen lassen, mit Zimt bestreuen und durchmischen. In die Mitte der Teigblätter die Hälfte der Trockenfrüchte setzen, mit 1 runden Teigblatt bedecken. Darauf den Rest der Früchte geben und mit 1 runden Blatt abdecken. Die darunter liegenden großen Filoteigblätter um die Füllung zu einem runden Päckchen zusammenfalten. Das Paket herumdrehen und auf das Blech setzen.

Die 2 übrigen runden Filoteigblätter bis in die Mitte einschneiden und daraus flache Trichter formen. Den ersten auf die Pastilla setzen und zu einer Rosette modellieren. Zweiten Trichter in die Rosette hineinsetzen und genauso bearbeiten. Butter schmelzen, mit einem Pinsel auf Pastilla und Rosetten streichen.

Pastilla im Backofen (Mitte, Unter- und Oberhitze) 25 Min. backen, bis sie goldbraun ist.

Die Vanillesauce in eine flache Schüssel oder einen tiefen Teller geben, die Pastilla darauf setzen und mit Puderzucker bestreuen.

TIPP

Das Rezept für die Pastilla kommt aus Fès. Für ein Festgericht wird sie auch mit einer Masse aus Mandeln, Täubchenfleisch und Rosinen gefüllt.

Die Trockenfrüchte werden mit Teig abgedeckt. Dann wird von unten her das Ganze zu einem runden Paket gefaltet, herumgedreht und mit einer Teigrosette besetzt.

Feine kunsthandwerkliche Schmiedearbeit an einer Haustür in Marokko.

Sesambällchen

Zubereitungszeit: 30 Min.
Backzeit: 10 Min.
Pro Stück ca.: 50 kcal

Zutaten für ca. 50 Stück:
100 g Butter, 150 g Mehl
60 g Zucker, 2 Eigelb
100 g Kokosflocken
50 g Sesamsamen
Backpapier für das Blech

Den Backofen auf 180° vorheizen. Ein Backblech mit Backpapier auslegen. Die Butter mit dem Mehl, dem Zucker, dem Eigelb und den Kokosflocken zu einem Teig kneten.

Aus dem Teig etwa 50 Kugeln formen, diese mit einem scharfen Messer auf der Oberseite kreuzförmig einritzen und gründlich im Sesam wälzen.

Die Sesambällchen auf dem Backblech verteilen. Im Backofen (Mitte, Umluft 160°) 10 Min. backen.

Gazellenhörnchen

Zubereitungszeit: 1 Std.
Ruhezeit: 30 Min.
Backzeit: 30 Min.
Pro Stück ca.: 145 kcal

Zutaten für ca. 50 Stück:
Für den Teig:
200 g Butter
500 Mehl, Salz, 3 Eier
2 EL Orangenblütenwasser
Backpapier für das Blech

Für die Füllung:
1 unbehandelte Orange
500 g gemahlene Mandeln
200 g Puderzucker
1 Ei, 1/2 TL Zimtpulver

Für den Teig die Butter vorsichtig schmelzen, dabei nicht zu heiß werden lassen. Das Mehl in eine Schüssel sieben und 1 Prise Salz hinzufügen. Die Eier trennen. 2 Eigelbe, das Orangenblütenwasser und 60 ml Wasser zum Mehl geben. Alles zu einem geschmeidigen Teig verarbeiten, in Frischhaltefolie wickeln und 30 Min. ruhen lassen.

Inzwischen für die Füllung die Orange waschen, abtrocknen und die Schale dünn abreiben. 1 Hälfte auspressen. Die Schale und den Saft mit den Mandeln, dem Puderzucker, dem Ei und dem Zimt verkneten. Daraus eine Rolle formen und in 50 kleine Stücke schneiden. Die Stücke zu etwa 4 cm langen Röllchen formen und zugedeckt beiseite stellen.

Den Backofen auf 170° vorheizen. Ein Backblech mit Backpapier auslegen. Den Teig halbieren und sehr dünn ausrollen. Mit einem Teigrädchen 25 ovale, etwa 8 cm lange Flächen ausschneiden. Die Mandelröllchen in die Mitte setzen. Die Ränder mit dem restlichen Eiweiß bestreichen und die Teigovale zu einem Halbmond zusammenklappen, noch etwas krummer zu einer Mondsichel biegen. Mit der anderen Hälfte des Teigs ebenso verfahren.

Die Gazellenhörnchen auf das Blech setzen und mit dem übrigen Eigelb bepinseln. Im Backofen (Mitte, Umluft 150°) 30 Min. backen.

Varianten

Die Hörnchen mit einem Püree aus 200 g frischen Datteln und 100 g Wasser füllen.

Die Gazellenhörnchen vor dem Backen mit Orangenblütenwasser bepinseln. Die fertigen Plätzchen mit Puderzucker überstäuben.

Das berühmte Gebäck *mit Nüssen und Sirup wurde während der Osmanischen Dynastie kreiert. Heute gehört es überall im Vorderen Orient zu jedem Fest.*

Baklava

Zubereitungszeit: 40 Min.
Backzeit: 40 Min.
Pro Stück ca.: 100 kcal

Zutaten für 60 Stück:
5 EL Butterschmalz oder Ghee
500 g Filoteig (quadratisch)
200 g Walnusskerne
200 g Mandeln
2 Eiweiße
100 g Zucker
1 EL Rosenwasser
25 g Pistazienkerne zum Bestreuen
Backpapier für das Blech

Für den Sirup:
250 g Zucker
2 EL Zitronensaft
1 EL Orangenblütenwasser
1 EL Rosenwasser

Den Backofen auf 160° vorheizen. Backbleche mit Backpapier auslegen. Das Butterfett schmelzen. Den Filoteig auspacken und die Blätter ausbreiten. Blatt für Blatt abziehen, mit Butterfett einpinseln und übereinander stapeln. Das oberste Blatt bleibt ohne Fett. Mit einem scharfen Messer den Teigstapel in 8 cm große Quadrate zerschneiden und alles mit einem Tuch bedecken.

Die Walnüsse und die Mandeln hacken. Die Eiweiße steif schlagen. Nach und nach den Zucker, die Walnüsse und das Rosenwasser dazurühren. Je 1 EL dieser Masse in die Mitte von je 1 Teigquadrat setzen. Die vier Ecken hochklappen und jedes Quadrat zu einem Körbchen verschließen. Auf Backbleche setzen und im Backofen (Mitte, Umluft 140°) 30 Min. backen. Bei 180° (Umluft 160°) weitere 10 Min. backen.

Für den Sirup den Zucker in 400 ml Wasser einige Minuten kochen lassen, bis sich der Zucker vollständig gelöst hat. Den Zitronensaft mit dem Orangenwasser unterrühren und kurz weiterkochen lassen. Das Rosenwasser einrühren.

Die fertigen Baklava mit dem Sirup übergießen und erkalten lassen. Die Pistazien hacken und darüber verteilen.

Variante: Baklavaschnitten

Eine flache feuerfeste Form von ca. 25 x 35 cm mit Backpapier auslegen. Fitoteig passend zurechtschneiden und fetten. 1 Teigplatte und dann abwechselnd Nussmasse und Filoteig übereinander schichten und nach 6–8 Schichten mit 1 Teigplatte enden. Mit einem Messer oder Pizzaschneider den Kuchen rautenförmig einschneiden, so dass die Stücke ca. 6 cm lang werden. Im vorgeheizten Ofen backen, erkalten lassen, mit dem Sirup übergießen und mit Pistazien überstreuen.

Blatt für Blatt wird der Filoteig gefettet, dann übereinander gelegt und mit einem scharfen Messer auf das richtige Maß gebracht. Das Einpacken der Füllung in die Teigblättchen erfordert etwas Fingerspitzengefühl.

Rosen *sind Symbol für Liebe und Zuneigung, für Wohlstand und Pracht. Die duftenden Essenzen, die aus Rosenblättern gewonnen werden, sind Rosenöl und Rosenwasser. Das Öl wird für kostbare Parfüms verwendet, während das Rosenwasser Bestandteil vieler süßer Speisen der orientalischen Küche ist.*

Lokum

Zubereitungszeit: 25 Min.
Abkühlzeit: 2 Std.
Pro Stück ca.: 40 kcal

Zutaten für ca. 70 Stück:
500 g Zucker
12 Blatt Gelatine
6 EL Speisestärke
3 EL Rosenwasser
(oder 2 EL Orangenblütenwasser)
50 ml Kirschsaft
(oder 100 ml Orangensaft)
100 g Puderzucker
Backpapier für die Form

1/4 l Wasser mit dem Zucker kochen lassen, bis sich der Zucker aufgelöst hat.

Die Gelatine in lauwarmem Wasser einweichen. Die Stärke mit etwas kaltem Wasser anrühren und in das Zuckerwasser rühren, weiter köcheln lassen. Für rote Bonbons Rosenwasser und Kirschsaft, für gelbe Orangenblütenwasser und Orangensaft dazugeben. Die Gelatine einrühren, nicht mehr kochen lassen.

Eine flache Form (ca. 20 x 30 cm) mit Backpapier auslegen, die Masse hineingeben und abkühlen lassen. Dann aus der Form nehmen, Backpapier ablösen, das Gelee würfeln, im Puderzucker wälzen.

Lokum mit Kokos

Zubereitungszeit: 25 Min.
Abkühlzeit: 2 Std.
Pro Stück ca.: 60 kcal

Zutaten für ca. 70 Stück:
500 g Zucker
12 Blatt Gelatine
6 EL Speisestärke
1/4 l Kirschsaft (für grüne Lokum
1/4 l grüne Limonade)
100 g ganze Haselnüsse
150 g Kokosflocken, Backpapier

Eisgekühlte Melone erfrischt an heißen Tagen köstlich.

Das Gelee nach dem Grundrezept kochen.

Eine flache Form (ca. 20 x 30 cm) mit Backpapier auslegen, die Masse hineingeben und abkühlen lassen. Nach etwa 1 Std. die Nüsse gleichmäßig hineinstecken. Nach 1 weiteren Std. das Gelee aus der Form nehmen, das Backpapier ablösen und um jede Nuss ein Sechseck schneiden. Kokosstreusel in einer großen Schale verteilen und die Bonbons darin wälzen.

Melone mit Rosenwasser

Zubereitungszeit: 30 Min.
Kühlzeit: 10 Min.
Pro Portion ca.: 80 kcal

Zutaten für 4 Personen:
1 Honigmelone
2 EL Rosenwasser
2 TL Zucker

Vier Dessertteller für 30 Min. im Gefriergerät kühlen.

Die Melone achteln, entkernen und schälen. Jedes Teil in drei Stücke schneiden. In einer Schüssel das Rosenwasser mit dem Zucker verrühren und die Melonenstücke unterrühren. Für 10 Min. ins Gefriergerät stellen und auf den gekühlten Tellern verteilen.

TIPP

Es ist sehr schwierig, unbehandelte Duftrosen zu bekommen, wenn man nicht einen Garten hat, den man plündern kann. In einem orientalischen Kochbuch darf jedoch die Rosenkonfitüre nicht fehlen.

Rosenkonfitüre

Zubereitungszeit: 30 Min.
Ruhezeit: 12 Std.
Pro Glas ca.: 670 kcal

Zutaten für 3 Gläser à 1/4 l:
200–300 g Blätter von unbehandelten duftenden Freilandrosen (möglichst rosa oder lachsfarben)
500 g Gelierzucker
1 Limette
1 Prise Zimtpulver

Die Rosenblätter von den Blüten lösen. 1/2 l Wasser zum Kochen bringen, die Rosenblätter hineingeben und 5 Min. köcheln lassen. Farbe und Aroma der Blätter gehen sofort in das Wasser über. Die Blätter mit einem Schaumlöffel aus dem Topf fischen. Den Gelierzucker hineinrühren und 5 Min. köcheln lassen.

Die Limette auspressen, den Saft und den Zimt unterrühren. Die Flüssigkeit in sterile Gläser geben und luftdicht verschließen. Die Konfitüre schmeckt zu Sesamringen und Sesambrötchen.

Ein wirklich exotischer Brotaufstrich: Rosenkonfitüre

Kataif Grundrezept

Zubereitungszeit: 30 Min.
Ruhezeit: 1 Std.
Pro Stück ca.: 90 kcal

Zutaten für 20 Stück:
300 g Mehl
1 TL Trockenhefe
Salz
Fett zum Backen

Das Mehl, die Hefe und 1 Prise Salz in eine Schüssel sieben. Langsam 350–400 ml lauwarmes Wasser hineinrühren und alles zu einem glatten Teig verarbeiten, der so dünnflüssig wie für Pfannkuchen sein soll. An einem warmen Ort etwa 1 Std. gehen lassen.

Fett in einer Pfanne zerlassen. So viel Teig in die Pfanne geben, dass sich dünne Pfannkuchen von etwa 12 cm Ø bilden. Bei mittlerer Hitze von jeder Seite 1–2 Min. backen.

TIPPS

Statt mit Sirup kann man Kataifs auch mit Honig, Agavendicksaft und anderen flüssigen Süßungsmitteln tränken.

Sollen die Pfannkuchen gefüllt werden, bäckt man sie nur von einer Seite. So bleibt die Oberfläche feucht und man kann die Kataifs nach dem Füllen besser verschließen.

Kataif mit Nüssen

Zubereitungszeit: 45 Min.
Ruhezeit: 1 Std.
Backzeit: 15 Min.
Pro Stück ca.: 140 kcal

Zutaten für 20 Stück:
1 Grundrezept Kataif
Backpapier für das Blech

Für den Sirup:
125 g Zucker, 1 EL Zitronensaft
1 TL Rosenwasser

Für die Füllung:
80 g fein gehackte Walnüsse
2 EL Zucker, 1/3 TL Zimtpulver

Den Teig nach dem Grundrezept zubereiten und gehen lassen.

Inzwischen für den Sirup den Zucker in 1/8 l Wasser rühren, bei schwacher Hitze auflösen. Das Zuckerwasser zum Kochen bringen, den Zitronensaft hinzugeben und die Flüssigkeit bei mittlerer Hitze auf die Hälfte einkochen lassen. Das Rosenwasser unterrühren und den Sirup erkalten lassen. Für die Füllung die Walnüsse, den Zucker und den Zimt mischen.

Den Backofen auf 200° vorheizen. Ein Backblech mit Backpapier auslegen. Fett in der Pfanne zerlassen, Kataif nur von einer Seite backen, dabei gleich 2 TL Füllung mittig auf die obere Seite der Pfannkuchen geben. Pfannkuchen auf das Blech setzen, zusammenklappen und den Rand gut andrücken.

Die Kataif im Backofen (Mitte, Umluft 180°) 10–15 Min. backen. Die Pfannkuchen mit Sirup beträufeln und warm servieren.

Varianten für Füllungen

Kompott, Fruchtmark oder Konfitüre verwenden. Ein Rezept für Mangofüllung finden Sie auf Seite 99. Es geht auch herzhaft, z.B. mit Fetakäse, dann natürlich ohne Sirup.

Für den türkischen Kaffee (Seite 207) benutzt man den sogenannten *Cevze*, ein Kupfertöpfchen mit langem Stiel.

Joghurt *wurde auch als » persische Milch« bezeichnet. Er spielt in der orientalischen Küche eine zentrale Rolle. Man schätzt ihn zu Fisch, Fleisch und Gemüse, als »Dreingabe« auf Reis, im Döner oder im Falafelbrot ist er unentbehrlich. Auch zum Backen gibt er eine ausgezeichnete Zutat ab. Nicht zu vergessen: Ayran, ein überaus erfrischendes Joghurtgetränk (Glossar Seite 220), das bei keiner türkischen Mahlzeit fehlen darf.*

Die Kirschen kommen ursprünglich aus dem östlichen Mittelmeerraum, wo sie auch in Sirup eingemacht oder getrocknet werden. Auch zu Fleischgerichten passen sie übrigens gut!

Joghurt-Grieß-Kuchen

Zubereitungszeit: 30 Min. + Abkühlzeit
Backzeit: 40 Min.
Pro Stück ca.: 685 kcal

Zutaten für 8 Stück:
Für den Teig:
150 g weiche Butter
175 g Puderzucker
1/2 TL Backaroma Vanille
2 Eier
500 g Grieß
1 TL Backpulver
175 g fester Joghurt
75 g gemahlene Mandeln
Fett für die Form

Für den Sirup:
300 g Zucker
2 TL Zitronensaft
1/2 TL Rosenwasser

Den Backofen auf 180° vorheizen. Eine feuerfeste längliche Form oder eine kleine Springform fetten. Für den Teig die Butter cremig rühren. Den Puderzucker, das Vanillearoma und die Eier unterrühren. Den Grieß und das Backpulver mischen und mit dem Schneebesen unterheben. Den Joghurt mit den Mandeln verrühren und vorsichtig in den Teig rühren.

Den Teig in der Form verteilen und im Backofen (Mitte, Umluft 160°) 40 Min. backen. Den Kuchen leicht auskühlen lassen.

Inzwischen für den Sirup 1/4 l Wasser mit dem Zucker, Zitronensaft und Rosenwasser aufkochen lassen. Ebenfalls abkühlen lassen.

Den Kuchen nach Geschmack mit dem Sirup beträufeln.

Varianten

- In den Teig noch 2 EL Mohnsamen rühren.
- In jedes Kuchenstück 1 Mandelhälfte oder 1 Pinienkern stecken.
- Nach dem Tränken mit Kokosflocken bestreuen.

Joghurtkuchen in Zuckersirup

Den Backofen auf 180° vorheizen. 1 Ei, etwas abgeriebene Zitonenschale, 1 Päckchen Backpulver, 200 g Joghurt, 100 g Puderzucker, 100 g Mehl sowie 3 EL Öl in einer Schüssel zu einem Teig verühren. Eine Kasten- oder Springform fetten, den Teig hineingeben und 40 Min. backen. Den Sirup wie oben herstellen und den abgekühlten Kuchen damit tränken.

Tomaten mit Honig zubereitet ergeben ein köstliches Dessert (links), das süß-säuerlich schmeckt und für Überraschung sorgt.

Halva oder Helva *ist arabisch und bedeutet Süßes oder Konfekt. Es lässt sich in den verschiedensten Varianten herstellen. Das Grundrezept ist immer das Gleiche: Viel Zucker in wenig Wasser auflösen, aufkochen lassen und mit Eiweiß, Nüssen und getrockneten Früchten mischen. Je mehr Eier verwendet werden, desto weicher bleibt die Masse.*

Süße Kirschtomaten mit Mandeln

Zubereitungszeit: 45 Min.
Pro Portion ca.: 300 kcal

Zutaten für 4 Personen:
500 g Kirschtomaten
50 g Mandeln
250 g Honig
3 Gewürznelken

Die Tomaten über Kreuz einritzen und zusammen mit den Mandeln mit kochendem Wasser übergießen. Die Tomaten pellen und die Mandeln aus den Häuten drücken.

Den Honig mit 100 ml Wasser aufkochen lassen, die Tomaten hineingeben und 2 Min. stark kochen lassen. Die Hitze reduzieren und die Tomaten weitere 5 Min. köcheln lassen. Die Mandeln und die Nelken dazugeben. Erneut aufkochen und 15 Min. köcheln lassen, bis die Flüssigkeit nicht mehr vom Löffel läuft.

Die Tomaten in ein steriles Glas füllen, verschließen und abkühlen lassen.

TIPP

Ein türkisches Rezept. Man isst die Tomaten zu Lammgerichten oder als Dessert.

Halva

Zubereitungszeit: 40 Min.
Garzeit: 20 Min.
Pro Portion ca.: 1005 kcal

Zutaten für 4 Personen:
3 Eiweiß
300 g Butter
300 g Zucker
Bittermandelessenz
50 g Mehl
50 g Pinienkerne

Die Eiweiße steif schlagen und beiseite stellen. Die Butter schmelzen und warm halten.

Den Zucker in einem Topf in 100 ml Wasser auflösen, etwa 3 Tropfen Bittermandelessenz hinzugeben und unter ständigem Rühren sprudelnd aufkochen lassen. Vom Herd nehmen und weiterrühren, bis sich die Flüssigkeit beruhigt hat. Ein zweites Mal unter Rühren aufkochen lassen und wieder herunternehmen. Den Vorgang 5–10-mal wiederholen.

Das Mehl hineinsieben und dabei gut rühren. Die Butter und den Eischnee untermischen. Die Pinienkerne in einer trockenen Pfanne anrösten.

Das Halva in einer Schale anrichten. Mit den Pinienkernen bestreuen.

Variante: Mandelkonfitüre

250 g Mandeln blanchieren und häuten. Sehr fein mahlen. Mit 250 g Honig gründlich verrühren. Nach und nach 1/4 l Walnussöl unterarbeiten, bis eine glatte Creme entstanden ist. In kleine Schraubverschluss-Gläser füllen (ergibt 750 g). Wird als Brotaufstrich gegessen, schmeckt aber auch gut zu Kataif (Rezept Seite 197).

Milch, Honig, Zucker, Eier, Nüsse, Mandeln, Pinienkerne, Datteln und Feigen: Das ist der Stoff, aus dem orientalische Süßigkeiten sind.

Türkischer Honig *ist ein Zuckerwerk, das der Fantasie kaum Grenzen setzt. Man kann ihn mit kandierten oder getrockneten Früchten herstellen. Beim Lokum (Seite 194) entsteht die feste Konsistenz nicht durch Einkochen, sondern durch Zusatz von Stärke und Gelatine.*

Türkischer Honig

Zubereitungszeit: 45 Min.
Ruhezeit: 1 Std.
Bei 12 Stück pro Stück ca.: 205 kcal

Zutaten für 1 Springform von 24 cm Ø:
4 Eier
1 EL neutrales Öl
50 g Sesamsamen
300 g Zucker
1/2 TL Zimtpulver
50 g Rosinen
100 g gewürfeltes Zitronat
Backpapier für die Form

Die Eier trennen, die Eiweiße steif schlagen. Beiseite stellen.

Die Form mit Backpapier auslegen. Das Papier mit dem Öl bestreichen. 3 EL Sesam zurücklegen und die restlichen Sesamsamen gleichmäßig über den Boden und den Innenrand, etwa 4 cm hoch, streuen.

In einem Topf den Zucker in 100 ml Wasser auflösen, den Zimt hinzugeben. Unter ständigem Rühren bei starker Hitze aufkochen lassen. Vom Herd nehmen und weiterrühren, bis sich die Flüssigkeit wieder beruhigt hat. Diesen Vorgang bis zu zehnmal wiederholen. Die Lösung wird während des Aufkochens immer dickflüssiger. Keinesfalls jedoch darf der Zucker karamellisieren.

Den heißen Sirup und den Eischnee mit dem Handrührgerät verquirlen. 1 EL Sesamsamen, die Rosinen und das Zitronat untermischen und alles in die Form geben.

Den Türkischen Honig 1 Std. ruhen lassen, dann aus der Form nehmen. Das Backpapier entfernen und den Türkischen Honig mit dem restlichen Sesam bestreuen. Die Haltbarkeit beträgt ca. 4 Wochen.

Türkischer Honig mit Cocktailkirschen

Zubereitungszeit: 45 Min.
Ruhezeit: 1 Std.
Bei 12 Stück pro Portion ca.: 210 kcal

Zutaten für 1 Kastenform von 20 x 30 cm:
2 Eier
500 g Zucker
1/2 TL Zimtpulver
3 Kardamomkapseln
20 g ganze geschälte Haselnüsse
50 g Rosinen
100 g Belegkirschen (ca.15 Stück)
1 EL Puderzucker
Backpapier für die Form

Die Eier trennen. Die Eiweiße steif schlagen und in einer großen Schüssel beiseite stellen. Die Form mit Backpapier auslegen.

In einem Topf den Zucker in 150 ml Wasser auflösen. Den Zimt und die Kardamomkapseln hinzugeben und das Zuckerwasser unter ständigem Rühren bei starker Hitze aufkochen lassen. Vom Herd nehmen und weiterrühren, bis sich die Flüssigkeit wieder beruhigt hat. Diesen Vorgang bis zu zehnmal wiederholen. Die Lösung wird während des Aufkochens immer zäher. Dabei darauf achten, dass die Zuckerlösung nicht karamellisiert.

Die Kardamomkapseln entfernen. Den Eischnee mit dem Handrührgerät in die heiße Zuckerlösung arbeiten. Die Nüsse, die Rosinen und die Kirschen untermischen und die Zuckermasse rasch in die Form einfüllen. Die Masse versteift sich in Minuten.

1 Std. ruhen lassen. Den fertigen Türkischen Honig in Stücke schneiden, nach Geschmack mit Puderzucker bestreuen und servieren. In einer Blechdose hält er sich bis zu 4 Wochen.

Kaffee und Tee – *für jede Lebenslage*

Um Tee zu genießen, ist nicht viel nötig: ein paar Teeblätter und vielleicht etwas Minze, aufgebrüht in heißem Wasser, eine Sitzgelegenheit und viel Muße. Dann kann man in aller Ruhe Neuigkeiten austauschen, Geschäfte besiegeln oder neue

Die Zubereitung von Kaffee und Tee ist für jeden Araber ein unverzichtbares Alltagsritual. Auch einen Basar ohne Kaffeehäuser gibt es nicht. Sie sind eine Domäne der Männer, die an kleinen Tischen sitzen und *qahwa siadeh* (Kaffee mit viel Zucker) trinken. Dazu spielen sie *tawla* (Backgammon) oder *kutschina* (Karten), reden miteinander oder sie sitzen nur da und blicken in ihr heißes, köstlich süßes Getränk. Domänen der Ruhe und der Kommunikation.

Entdeckung des Kaffees

Über die Entdeckungsgeschichte des Kaffees gibt es die unterschiedlichsten Versionen. War es der jemenitische Mönch Faustus Nairone, der die kirschenartigen Früchte der Kaffeepflanze aufkochte und seine Mitbrüder den Sud trinken ließ, damit diese beim mitternächtlichen Gebet nicht einschliefen? Oder kamen abessinische Hirten schon viel früher auf den Geschmack, nachdem nämlich ihre Ziegen immer dann

Freunde gewinnen. Und was für den Tee gilt, trifft für Kaffee ebenso zu, nur dass man hier ein wenig mehr Zucker nimmt – und ein wenig Kardamom und Nelkenpulver vielleicht ...

außer Rand und Band gerieten, wenn sie an den Früchten einer bestimmten Baumart geknabbert hatten? Oder gebührt Ali ibn Omar al-Schadhili, Scheich der Hafenstadt Mokka am Roten Meer, der Ruhm, den Kaffee erfunden zu haben, den er im 16. Jahrhundert vorbeisegelnden portugiesischen Kaufleuten zum Probieren anbot?
Historiker bezweifeln diese Geschichten. Es ist aber wohl so, dass seit Mitte des 15. Jahrhunderts in Arabien Kaffee getrunken wird. Das berichtet ein berühmtes arabisches Manuskript von 1587. In der zweiten Hälfte des 15. Jahrhunderts eroberte die Kaffeebohne über Mekka und Medina das arabische Reich und erreichte 1510 Kairo.
Anfang des 16. Jahrhunderts hat das osmanische Reich mit der Eroberung Ägyptens seinen Höhepunkt erreicht. Das gilt auch für die Verbreitung des Kaffees, der bald überall im osmanischen Reich getrunken wurde. Nach Wien und damit nach ganz Europa kam der Kaffee schließlich durch eine Nach-

Das Kaffeegeschirr besteht oft aus hochwertigen Handarbeiten aus Messing oder Silber.

Treffpunkt der Jugend von Metaouni/Tunesien ist das Café gegenüber der großen Moschee.

Kaffeehaus in Kairo im großen Basar Khan Al-Khalili.

lässigkeit: Als die Türken 1683 vor der Stadt in die Flucht geschlagen wurden, ließen sie säckeweise ihre Kaffeebohnen zurück. Ziemlich schnell erkannte man die Schätze und bald öffneten in Wien die ersten Kaffeehäuser ihre Tore.

Kaffee mit Kardamom und Nelken

Wenn auch das schwarze Getränk inzwischen weltweit verbreitet ist, die Art der Zubereitung für orientalischen Kaffee hat das Morgenland exklusiv für sich behalten. Dazu wird in einem kleinen Gefäß 1/4 l Wasser zum Kochen gebracht und 4 TL gemahlener Kaffee, 1/3 TL gemahlener Kardamom, 1 Prise Nelkenpulver sowie 6 TL Zucker hineingegeben. Das Ganze wird dann noch ein paar Minuten weitergekocht, schließlich wird der Schaum abgeschöpft und das heiße Getränk in kleinen Mokkatassen serviert.
Ein Hochgenuss, selbst bei großer Hitze, der den arabischen Scheich und Philosophen Abd el-Kader Anfang des 16. Jahrhundert zu folgendem Lobgesang inspirierte:
»Oh Kaffee, du zerstreust die Sorgen, bist das Getränk der Gottesfreunde, du gibst Gesundheit denen, die arbeiten, um Weisheit zu erwerben.«

Türkischer Kaffee

Er wird in einem *Cevze* zubereitet, einem kleinen Kupfertöpfchen mit langem Stiel. 1 kleine Tasse Wasser hineingeben, mindestens 2 TL Zucker und 2 TL gemahlenen Kaffee dazu. Das alles unter Rühren erhitzen, etwas Kaffee in die Tasse gießen und den Rest nochmals erhitzen. Dann ebenfalls in die Tasse füllen. Ganz heiß servieren und einen Moment warten, bis sich der Satz gesenkt hat.

Entdeckung des Tees

Natürlich beginnt auch die Geschichte des Tees mit einer Legende. Sie trug sich um 1519 in Indien zu und berichtet von einem Königssohn namens Bodhidharma, der geschworen hatte, sieben Jahre wach zu bleiben. Als ihn dann doch einmal der Schlaf übermannte, riss er sich vor Verzweiflung die Augenlider aus und warf sie zu Boden. Sogleich wuchs an der Stelle ein grüner Strauch, unser Held kostete davon und wurde hellwach. Der Tee war entdeckt.

Verbreitung des Tees

Dichtung oder Wahrheit, Tatsache ist, dass der Tee ursprünglich vom indischen Kontinent stammt, von dort aus erst nach China und später nach Europa gelangte. Lange Zeit waren es die Briten, die mit pfeilschnellen Segelschiffen, den Teeklippern, für einen reibungslosen Transport sorgten. Heute ist England Europas Teenation Nummer eins.
Die nordafrikanischen Länder wurden auf dem Landweg mit Tee versorgt. Karawanen zogen mit ihren Lasten bis hinauf ins Atlasgebirge. Doch konnte sich das neue Getränk erst allmählich in den letzten 150 Jahren gegen die mächtige Konkurrenz des Kaffees durchsetzen. Heute wird in Casablanca, Kairo oder Damaskus kein Geschäft abgeschlossen, ohne dass nicht vorher Tee gereicht wird, und auch der flüchtigste Besucher in einem Haus darf nicht gehen, bevor nicht gemeinsam Tee getrunken wurde. Dabei ist die Kombination von schwarzem Tee mit frischen Minzeblättern besonders beliebt, sorgt eine solche Mischung trotz ihrer Hitze für eine angenehm kühle Erfrischung.

Koffein – ein Stoff mit Wirkung

Auch wenn es nicht den Anschein hat: Der Tee ist dem Kaffee sehr nahe, er ist sozusagen sein Zwillingsbruder. Immerhin ist der Hauptwirkstoff derselbe: das Koffein. Im Kaffee weckt er die Lebensgeister. Im Tee kann dieses Koffein beruhigen und auch aufmuntern, je nachdem wie das Getränk zubereitet wird.
Für beide Fälle werden in einer vorgewärmten Keramik-Kanne die Teeblätter mit kochendem Wasser übergossen. Für die Muntermacher-Version müssen die Blätter schon nach zwei Minuten wieder entfernt werden. Die Zeit genügt gerade, um Koffein und Aromastoffe herauszulösen. Lässt man den Tee länger ziehen, so wird auch Gerbsäure gelöst, die das Koffein an seiner Wirkung hindert und den Tee zu einem entspannenden Getränk macht. Solchen Tee kann man ohne weiteres vor dem Schlafengehen zu sich nehmen. Länger als fünf Minuten sollte Tee nicht ziehen, er schmeckt dann zu bitter.

Kaffee aus Libanon mit kräftigem Aroma und Kardamomgeschmack.

Tee, ob schwarz oder aus Kräutern, wird in tulpenförmigen Gläsern serviert. Eine bestimmte Haltung verhindert, dass man sich hier die Finger verbrennt.

Tee mit Minze

Minztee lässt sich auf verschiedene Weise zubereiten. Pur, nur aus getrockneten Minzeblättern, sollte er mindestens 6 Minuten ziehen. Schwarztee lässt man natürlich nicht so lange ziehen. Wer also Schwarztee mit getrockneter Minze kochen möchte, sollte deshalb entweder beide Tees getrennt zubereiten und dann zusammengießen oder die schwarzen Teeblätter vorher herausnehmen. Sehr verbreitet und unkomplizierter ist die Zubereitung von schwarzem Tee mit frischer Minze. Diese braucht nicht länger als der Tee im heißen Wasser zu ziehen. In die Teegläser gibt man zusätzlich einige frische Minzblätter zur Dekoration. Gerne wird auch grüner Tee mit Minze getrunken. Immer gehört viel Zucker dazu.

Karkadeh – eine beliebte Erfrischung

Bleibt noch der in Ägypten beliebte *Karkadeh*, ein Malventee, der sowohl heiß als auch kalt getrunken wird. Hierbei werden die getrockneten Blütenblätter nur mit heißem, keineswegs aber kochendem Wasser übergossen. Nach 10 Minuten werden die Blätter entfernt. Gesüßt wird wieder nach Geschmack. Kenner nehmen dazu den süßen Sirup aus Hibiscusblüten. Lauwarm oder kalt ist der leuchtend rote Tee an heißen Tagen ein erfrischendes Getränk.

Der Stoff, der die Geister weckt, kennt alle möglichen Zubereitungsarten. Von oben links nach unten rechts: verpackter Tee; getrocknete Malvenblätter; Karkadeh, der ägyptische Malventee; Minzeblätter; eine kunstvolle Teekanne und aufgebrühter Minztee.

Egal ob Tee oder Kaffee, die Hauptsache ist, man sitzt und redet oder schaut sich das Treiben auf der Straße an wie diese Männer in der Jerusalemer Altstadt.

Folgende Doppelseite: Blick von Ost-Jerusalem auf die judäische Wüste.

Für ein paar Münzen verkaufen Kinder im Basar von Jerusalem frisch gebrühten Kaffee.

Hier werden die Wasserpfeifen für den nächsten Gast vorbereitet.

Die Länder *des Orients von A bis Z. Im Überblick einige geografische Daten, touristische Informationen und das Wichtigste zu den Küchen der Länder.*

Ägypten

Der größte Teil des Landes ist Wüste mit dem entsprechenden Klima. Die 69 Mio. Einwohner haben sich hauptsächlich entlang des Nils und vor allem am Nildelta mit seinem relativ gemäßigten Klima angesiedelt. So leben im Großraum Kairo etwa 15 Mio., in der Stadt selber etwa 7 Mio. Menschen. Kairo ist damit die größte Stadt Afrikas.

Kulturell hat Ägypten viel zu bieten. Die berühmten Pyramiden von Gizeh und anderen Orten sowie Memphis und seine Totenstadt zählen zum Weltkulturerbe. Ägypten ist eine der ältesten Zivilisationen der Erde, die Azlar-Universität ist mit 1.000 Jahren eine der ersten der Welt.

Am Mittelmeer und am Roten Meer bietet das Land hervorragende Möglichkeiten zum Baden, Surfen und Tauchen. Die Kombination von Erholungs- und Bildungsurlaub gelingt hier perfekt.

Die Küche ist sehr abwechslungsreich. Wie überall in Arabien geht nichts ohne *Hummus* und *Falafel*, nur *Mezze* sind hier nicht so verbreitet. Nationalgericht ist das Bohnengericht *Foul*. Zu nennen sind weiter *Kebab, Kufta, Kushari* (ein Reis-Zwiebel-Nudel-Linsengericht) und *Om Ali* (überbackenes Milchbrot), Fleisch- und Fischgerichte sowie Täubchen. Man trinkt viel Tee mit frischer Minze und *Karkadeh*, einen Tee aus Malvenblütenblättern.

Unbedingt sehenswert: die Sphinx in Gizeh.

Algerien

Etwa 80 % dieses zweitgrößten afrikanischen Staates nimmt die Sahara ein, eine Fläche, so groß wie Europa. Auf 2.381.741 km² leben 31 Mio. Menschen. Davon etwa 70 % Araber und 30 % Berber mit einer kleinen französischen Minderheit – Rest der französischen Fremdherrschaft bis 1962.

Nur 3 % des Landes werden landwirtschaftlich genutzt. Die großen Städte (die Hauptstadt Algier hat 1,5 Mio. Einwohner) liegen ausschließlich an der Mittelmeerküste, wo auch das Klima entsprechend behaglich ist.

Algerien ist stark vom Islam geprägt, doch hat die französische Kolonisation ebenfalls ihre Spuren hinterlassen.

Die Küche ist der marokkanischen sehr ähnlich mit Couscousgerichten, Tajine und Gemüsepfannen.

Golfstaaten

(Oman, Saudi-Arabien, Kuweit, Bahrain, Vereinigte Arabische Emirate, Katar)

Die Golfstaaten bestehen aus großen Wüstengebieten und schmalen langen Küstenstreifen. Ihren zum Teil unermesslichen Wohlstand verdanken sie riesigen Erdölvorkommen. Der Reichtum ist so groß, dass in einigen Ländern keine Steuern gezahlt werden müssen.

In den letzten Jahren wurde der Tourismus als weitere Einnahmequelle entdeckt. Man hat sich jedoch von vornherein auf luxuriöse Angebote mit kostspieligen Beiprogrammen konzentriert und entsprechende Hotelanlagen erbaut. Der Vorteil dieser Politik liegt auf der Hand: Weniger Umweltbelastung bei gleichen Deviseneinnahmen. Das Konzept scheint aufzugehen, kaum ein Hotelbett bleibt leer.

Saudi-Arabien ist die Wiege des Islam und der arabischen Sprache. Hier finden Sie die heiligsten Stätten des Islam: Mekka, den Geburtsort des Propheten, und Medina, wo er begraben ist.

Die Küche, im Kern arabisch, zeichnet sich durch interessante Einflüsse aus Indien, Pakistan, Sri Lanka, den Phillipinen und Nordafrika aus. Das merkt man vor allem in den Restaurants, wo man nur selten original arabisch essen kann. Bezeichnend für den Wohlstand ist die Verwendung von Arganöl, einem sehr seltenen und kostbaren Nussöl. Gekochte Bohnen (Foul) spielen eine große Rolle, außerdem

Dem Wüstenklima optimal angepasst, sind Kamele auch heute noch unentbehrlich

Die Länder des Orients auf einen Blick.

Reis, Nudeln, Brot, Gemüse, Weizen, Käse, Tee und Milch. Wenn es für diese Staaten eine Nationalspeise gibt, so könnte man *Hrira* nennen, eine dicke Suppe aus Lamm, Huhn, Linsen, Kichererbsen, Tomaten, Zwiebeln, frischen Kräutern, Reis bzw. kleinen Nudeln und vielen Gewürzen, die abends während des Ramadan gegessen wird.

Irak

In dem Gebiet zwischen Euphrat und Tigris, Mesopotamien oder Zweistromland liegen die Wurzeln unserer Zivilisation, deren Zeugnisse heute noch zu bewundern sind. Es war das Reich der Babylonier, der Assyrer und Alexanders des Großen.

Auf 438.317 km² leben 23,6 Mio. Menschen, 80% Araber, der Rest Kurden und wenige Minderheiten, außerdem 130.000 Flüchtlinge. Bis auf das Gebiet im Bereich von Euphrat und Tigris ist das Land Wüste bzw. Halbwüste. Die Hauptstadt ist Bagdad mit über 3 Mio. Einwohnern.

Heute liegt das Land wirtschaftlich am Boden, die Infrastruktur ist durch die Kriege der letzten Jahrzehnte zerstört; durch die politischen Verhältnisse ist der Tourismus hier fast völlig zum Erliegen gekommen: Ganze 50.000 Besucher zählte das Land 1998.

Als Nationalgericht gilt *Samak masquf* (im Süden *simach mazguf*), ein Süßwasserfisch, der am Stecken über offenem Feuer gegrillt und mit Zwiebel, Tomaten und Zitronensaft gewürzt wird.

Besonders im Süden wurde die Kombination von Fleisch und Früchten kultiviert; Basis sind Reis, Fisch und Datteln. Häufiger als in anderen arabischen Ländern wird hier Rindfleisch, auch Wasserbüffel, als *Tikka* gegrillt, anderswo als Kebab bekannt. Lange Tradition hat auch die »assyrische Suppe«, eine mit Dill gewürzte Joghurtsuppe. Im Norden bei den nichtarabischen muslimischen Kurden und christlichen Assyrern sind nahrhafte Eintöpfe aus Fleisch, Getreide und Gemüse verbreitet, die zu den kalten Wintern passen. Bekannt sind auch der Juwelenreis, gefülltes Hähnchen und Dattelgebäck.

Iran (Persien)

Obwohl das Land eine jahrtausendealte kulturelle Tradition aufweisen kann, spielt der Tourismus hier eine untergeordnete Rolle. Über die Fläche von 1.648.000 km² erstrecken sich hohe Gebirge, große Sand- und Salzwüsten und lange Küsten zum Kaspischen Meer und zum Persischen Golf. 62,8 Mio. Menschen leben hier, 51% Perser, 24% Aserbeidschaner, 8% Masandaraner, 7% Kurden, 3% Araber, andere Minderheiten sowie 1,9 Mio. Flüchtlinge. Man spricht Farsi und daneben fünf weitere Sprachen. In der Hauptstadt Teheran leben 6,7 Mio. Menschen. Die Islamische Republik wird von einem Einkammerparlament geführt, dessen Befugnisse durch die Macht des religiösen Führers Ayatollah stark eingeschränkt sind.

Die persische Küche ist der türkischen sehr ähnlich. Eine Besonderheit sind die vielen Reisgerichte, die Kombination von Fleisch und Früchten und die Vorliebe für süß-saure Gerichte, Fleisch mit Saucen wie z.B. Walnuss-Granatapfelsauce.

Israel und Palästina

Auf 22.145 km² leben in Israel 6,2 Mio. Menschen: 79% Juden, 21% nichtjüdische Minderheiten (Muslime, Christen und Drusen), außerdem 133.000 Flüchtlinge.
Jerusalem, die Hauptstadt Israels, hat 633.700 Einwohner. Die Wüste Negev nimmt 60% des Landes ein. Etwa 21% der Gesamtfläche des Landes werden landwirtschaftlich genutzt, davon müssen 50% künstlich bewässert werden. So kann sich das Land mit Lebensmitteln weitgehend selbst versorgen.
Für orthodoxe Juden gilt das Gebot, nur koschere Speisen zu essen, das beinhaltet z.T. komplizierte Vorschriften, wie z.B keine Milch- und Fleischprodukte gleichzeitig auf den Tisch zu bringen.
»Nationalgerichte« sind *Falafel, Kebab, Shawarma* (eine Art Gyros) *Tshulnt* oder *Cholent* (Bohneneintopf), das traditionelle jüdische Sabbatgericht, *Borekas*, der russische Bortsch und der *Gefilte Fish* (siehe Seite 219).
Touristisch bietet Israel ausgezeichete Möglichkeiten, Bildung und Erholung zu kombinieren. Die Mittelmeerstrände von Tel Aviv oder Ashdot sind legendär und von dort zum Toten Meer sind es höchstens drei Stunden Autofahrt. Für das gemäßigte Klima ist die Nähe zum Mittelmeer verantwortlich, es kann jedoch auch empfindlich kalt werden.

Wichtiger Exportartikel Israels ist Salz aus dem Toten Meer. An künstlichen Dämmen wird es gefördert.

Innerhalb der israelischen Grenzen – mit Ausnahme des Gazastreifens – liegen wie ein Fleckenteppich die palästinensischen Gebiete mit 3,2 Mio. Einwohnern (nicht gezählt die jüdischen Siedler). Kulturell sind beide Völker völlig verschieden und die Geschichte des 20. Jahrhunderts hat ihnen Konflikte beschert, die bisher nicht gelöst sind.
Die palästinensische Küche ist arabisch geprägt.

Jemen

Die 536.869 km² der Republik Jemen (19 Mio. Einwohner) liegen auf dem fruchtbarsten und landwirtschaftlich ergiebigsten Teil der arabischen Halbinsel. Auf Terrassenfeldern und in den fruchtbaren Wadis im Osten werden Mais, Kaffee, Weizen und Sorghum, eine Hirsesorte sowie Obst und Gemüse angebaut. Neben Erdöl und Erdgas ist Tabak eines der wichtigsten Exportgüter. Die Hauptstadt Sanaa hat 926.000 Einwohner.
Im Altertum lagen die Oasenstädte des Königreichs Saba an der »Weihrauchstraße«, die von Mekka nach Gaza ans Mittelmeer führte. In Jemen wuchsen Weihrauch und Myrrhe, sehr kostbare Räucherharze, die die Heiligen Drei Könige seinerzeit als Geschenk im Gepäck hatten.
Geschichtsträchtig ist auch der Boden. Hier entwickelten sich schon früh bedeutende Hochkulturen. Die Landschaft ist abwechslungsreich und wunderschön. Berühmt ist der Jemen für seine Architektur, die Hochhäuser aus Lehm oder Ziegeln. Heute sind Reisen ins Landesinnere durch den Bürgerkrieg zwischen Nord-und Südjemen nur noch unter aufwändigen Sicherheitsvorkehrungen möglich.
Nationalgerichte sind *Salta*, ein feuriger Eintopf aus Hülsenfrüchten und Lamm sowie Sorghum-Grütze, die mit würzigem Butterschmalz angerichtet wird. Mit Honig gemischt wird Butterschmalz gerne als Dip zu Brot serviert.
Wie im Orient verbreitet, kocht man gerne scharf; Chilischoten finden häufig Verwendung. Bockshornklee ist als wichtigstes Gewürz ein kulinarisches Symbol des Landes.

Jordanien

Das kleine haschemitische Königreich ist dem Tourismus sehr aufgeschlossen. Ein Touristenvisum wird gleich bei der Einreise im Flughafen der Hauptstadt Amman (965.000 Einwohner) ausgestellt. Hier trifft man auch auf zahlreiche palästinensische

Ziegen und Schafe sind so genügsam, dass sie mit dem kargen Futterangebot in Wüstengebieten auskommen.

Geschäftsleute, die via Jordanien europäische Handelsmessen besuchen. Das 89.342 km² große Land besteht zu 90% aus Wüste, im restlichen Teil leben 5 Mio. Menschen (60% sind Palästinenser mit jordanischem Pass), außerdem 1,5 Mio. Flüchtlinge.
Jordanien hat touristisch und kulturell viel anzubieten. So zählen die Ruinen von Petra als »achtes Weltwunder« heute zum Weltkulturerbe der Vereinten Nationen. Und der berühmte Lawrence von Arabien hatte in Jordanien, im Wadi Run, sein Hauptquartier.
Im Jordantal und im Südosten gedeihen Zitrusfrüchte, Bananen und Gemüse, auf dem Hochplateau Linsen, Tabak, Oliven, Feigen und Granatäpfel. Im Übrigen zählt das Land zu einer der wasserärmsten Regionen der Erde und ist diesbezüglich abhängig von Israel. In der Wüste kann man Schaf- und Ziegenherden antreffen.
Kulinarische Spezialitäten sind Reisgerichte, Geflügel und Fleisch vom Drehspieß sowie *Tabouleh* (Rezept Seite 35). Ein traditionelles Gericht der Beduinen ist *Masaif*, in Joghurt gekochtes Lamm.
Überall in den Städten findet man Imbissbuden, die *Kebab, Falafel, Hummus, Foul, Tabouleh* und *Sfiha* (»orientalische Pizza«) anbieten.

Libanon

Der Name bedeutet »Weißes Gebirge«, denn die Hochgebirgsregionen sind mit ewigem Schnee bedeckt. Man kann also im Orient auch Ski laufen – während gleichzeitig im Mittelmeer gebadet wird!
Die Republik wird von 3,6 Mio. Menschen bewohnt, die Hauptstadt Beirut hat 1,9 Mio. Einwohner. Zahlreiche Eroberer haben auf die Kultur des Landes Einfluss ausgeübt: Griechen, Phönizier, Römer, Araber, Türken und Europäer, allen voran die Franzosen, haben ihre Visitenkarten hinterlassen. Nicht umsonst wurde Beirut als das Paris des Orients bezeichnet. Gepflegter Genuss, Toleranz und befruchtendes Miteinander (so müssen die führenden politischen Positionen von je einem Schiiten, Sunniten und Christen besetzt sein) sind im Libanon Tradition. Die zerstörerischen Bürgerkriege der vergangenen Jahrzehnte zwischen PLO und den christlichen Milizen sind in seiner Geschichte eher die Ausnahme.
Mehr als die Hälfte der Bewohner arbeitet in der Landwirtschaft. Es werden Bananen, Zuckerrohr, Getreide und Gemüse angebaut. Die Esskultur ist hauptsächlich vom Osmanischen Reich geprägt, die Franzosen haben die Küche verfeinert.
Hummus, Tabouleh und *Kibbeh* sind hier so etwas wie Nationalspeisen. Frische Kräuter, Gemüse, Obst, Bulgur, Nüsse, Oliven, Joghurt, Tahina, Lamm und Fisch zählen zu den wichtigsten Zutaten der Küche.

Libyen

Das Land besteht zu 90 % aus Wüste, nur der schmale, 770 km lange Küstenstreifen ist bewohnbar und fruchtbar. Von den 5,4 Mio. Menschen leben 1,3 Mio. in der Hauptstadt Tripolis. Der Lebensstandard ist bemerkenswert hoch aufgrund intensiver Erdölförderung. Für den Touristen ist Lybien etwas mühsamer zu bereisen als etwa das benachbarte Tunesien. Man benötigt ein Visum, die Reisekasse muß mindestens 500 $ enthalten und bei mehr als einwöchigem Aufenthalt besteht Meldepflicht bei den örtlichen Behörden.
Politisch steht Libyen seit 1969, nach dem Sturz des Königreichs, unter dem Einfluss seines Staatsoberhauptes Muamar-al-Gaddafi, der das Land mit islamisch-sozialistischen Prinzipien in diktatorischer Weise regiert.
Bauern und Nomaden haben das Land geprägt, entsprechend auch seine Küche mit Suppen, Reis, Couscous und Gemüse sowie viel Lamm. Ein landestypisches Gericht ist die »Libysche Suppe«, eine Tomatensuppe mit Reisnudeln, Kichererbsen, Hammelfleisch, Kräutern und Gewürzen.
Die meisten Restaurants werden von Syrern und Libanesen betrieben.

Marokko

Ähnlich wie Tunesien hat sich das Land sehr dem Tourismus geöffnet und man kann ohne größere Formalitäten einreisen.

Marokko ist ein landschaftlich reizvolles und kulturell sehr interessantes Land. Die Altstädte von Marrakesch, Fes und Tetuán zählen zum Weltkulturerbe der Vereinten Nationen. Berühmt wurde die Hafenstadt Casablanca durch den gleichnamigen Kultfilm mit Humphrey Bogart und Ingrid Bergmann.

Im Königreich leben 30,4 Mio. Menschen, davon sind 50% arabisierte Berber, 40% Berber und 3% Schwarzafrikaner, außerdem 100.000 Europäer. Die Hauptstadt Rabat zählt 1,4 Mio. Einwohner. Die 44 Jahre französische Kolonialherrschaft machen sich zumindest in der Kultur der Städte bemerkbar. Die Landwirtschaft produziert Weizen, Gerste, Zitrusfrüchte, Oliven, Gemüse, wichtig sind weiter Viehzucht und Fischfang.

In der Küche sind *Couscous* und *Tajine* weit verbreitet. Ein typisch marokkanisches Nationalgericht für größere Anlässe ist *Khouzi*, ein im ganzen gebratenes Lamm, das mit Hühnchen, Eiern, Zwiebel, Safran und weiteren Gewürzen gefüllt wird und mit Mandeln, Ghee und Reis angerichtet wird. Man isst viel Fisch, Fleisch und Gemüse. Berühmt ist auch die Vielfalt an süßem Gebäck.

Delikates wird an den *Shawarma*-Ständen in den Städten angeboten: würzig gegrillter Lammspieß oder Hühnerfleisch als regionales Pendant zum türkischen Döner Kebab.

Das Hauptgetränk ist Minzetee, der manchmal auch mit schwarzem Tee gemischt wird. Auf den Märkten werden neben vielerlei Gemüse auch Kräuter wie Portulak, Rauke, Bockshornklee, Koriander und Löwenzahn angeboten.

Als interessantes Gewürz ist Loomi, die getrocknete Limette, zu nennen, die den Speisen eine würzig-pikante Geschmacksnuance verleiht. Bei den Früchten steht an erster Stelle die Dattel, aber es gedeihen auch Mango, Orangen, Bananen und Wassermelonen.

Lammfleisch vom Drehspieß in einem marokkanischen Straßenrestaurant.

Syrien

16,6 Mio. Menschen leben auf den 185.180 km^2 Syriens, 90% von ihnen sind Araber. In der mehr als 6.000 Jahre alten Hauptstadt Damaskus leben 2 Mio. Einwohner. Der Küstenstreifen am Mittelmeer ist nur 193 km lang und ein Großteil des Landes besteht aus Gebirge, Halbwüste und Steppe. Die zweite Lebensader neben der Küste ist der Fluss Euphrat, überall sonst herrscht Wasserknappheit.

Das Land hat sich seit seiner Unabhängigkeit 1944 zu einer der einflussreichsten Größen im Nahen Osten entwickelt. Seit über 30 Jahren wird es vom diktatorisch regierenden Staatschef Assad geführt, was dem Tourismus allerdings keinen großen Abbruch getan hat: 1999 kamen mehr als 1,5 Mio. Menschen, um als Bildungs- und Abenteuerreisende die Altstadt von Damaskus oder die Ruinen von Palmyra zu besichtigen oder auch nur für eine Wüstensafari.

Kulinarisch ist hier, wie im Libanon, der osmanische Einfluss am stärksten. Die kräftig gewürzten Speisen werden oft mit Olivenöl zubereitet; Hummus, Tabouleh und Kibbeh werden in Damaskus, Aleppo oder Homs in jedem Straßenrestaurant angeboten. Auch süße Gerichte sind sehr beliebt, und wenn es nur in Sirup getauchtes Gebäck ist.

Tunesien

Tunesien gehört wie Marokko und Algerien zum Maghreb. Tunesien ist das kleinste Land, kann aber in vielerlei Hinsicht durchaus westlichen Standard aufweisen. Mit über 5 Mio. Touristen im Jahr ist der Fremdenverkehr einer der wichtigsten Wirtschaftsfaktoren des Landes. Hammamet, Monastir und die Insel Djerba sind geprägt von riesigen Hotelanlagen in denen man für wenig Geld seinen Urlaub verbringen kann. Von dort aus werden gut organisierte Exkursionen durch das Land, Wüstenritt inklusive, angeboten.

Spuren alter und ältester Geschichte sind in diesem Land zu finden, wie das Karthago des Feldherrn

Die Türkei ist der fünftgrößte Olivenöl-produzent der Welt.

Hannibal – langjähriger Gegenspieler des Römischen Reichs. Heute trifft man in ganz Tunesien auf bestens erhaltene römische Stadtanlagen wie das südwestlich von Tunis gelegene Dougga. Kairouan war Sitz des Statthalters des Kalifen und ist eine der heiligen Städte des Islam.

In Tunesien leben 9,6 Mio. Menschen, hauptsächlich entlang der 1.148 km Küste. Die Hauptstadt Tunis zählt 674.000 Einwohner. Auffallend ist die religiöse Toleranz.

Die Küche ist im gesamten Maghreb recht ähnlich, wobei der französische Einfluss erkennbar ist. Traditionelle Gerichte sind neben Couscous und Tajine Brik. Das sind fritierte Teigtaschen, die mit Ei, Tunfisch und Gemüse gefüllt sind.

Kartoffeln, Tomaten, Zwiebel, Oliven und Paprika sind häufig verwendete Gemüsesorten, während als Fleisch Lamm und Huhn favorisiert werden. Ein interessantes Getränk ist Tee, der mit Pinienkernen und Mandelstücken verfeinert wird.

Türkei

Die Türkei liegt an der Nahtstelle zwischen Orient und Okzident. Ein Teil des Landes liegt in Europa, der weitaus größere gehört zum asiatischen Kontinent. Die größte türkische Stadt Istanbul mit über 7 Mio. Einwohnern ist wohl die einzige Stadt in der Welt, die auf zwei Erdteilen liegt. Erst vor wenigen Jahren wurde eine riesige Brücke über den Bosporus gebaut und damit die Möglichkeit geschaffen, auch auf dem Landweg auf den anderen Kontinent zu gelangen.

Auch politisch muss sich die Türkei in zwei Richtungen orientieren. Ihre Mitgliedschaft in der Nato und die Probleme mit den östlichen Nachbarn sind schwer zu vereinbaren und führen zu vielen Problemen. Die Mitgliedschaft in der Europäischen Union wird angestrebt, wurde jedoch wegen des Kurdenproblems und der Menschenrechtssituation immer wieder aufgeschoben. Mittlerweile ist sie aber wohl nur noch eine Frage der Zeit.

Die Türkei liegt auch auf der Nahtstelle zweier gigantischer tektonischer Platten. Hier stoßen die Erdteile buchstäblich aufeinander, was schon viele Erdbeben zu Folge hatte. Die Riesenmetropole Istanbul ist dadurch besonders gefährdet.

Auf 779.452 km^2 leben 67,6 Mio. Menschen, davon sind 80% Türken und etwa 20% Kurden. Er wird Türkisch, Kurdisch und Arabisch gesprochen. Die Hauptstadt Ankara hat 2,9 Mio. Einwohner. Das Land ist geprägt von Hochland, hohen Gebirgen, langen Küstenstreifen. Landwirtschaft ist ein wichtiger wirtschaftlicher Faktor, 40% der Einwohner arbeiten in diesem Bereich. Man baut Getreide, Baumwolle, Sonnenblumen, Mais, Zuckerrüben, Kartoffeln, Tee, Wein, Nüsse sowie Oliven an und betreibt Viehzucht.

Die Türkei ist für Westeuropäer ein beliebtes Urlaubsland. Die Küstenstreifen haben gewaltige Ausdehnungen und sind selten überlaufen. Im ausgedehnten Anatolien mit der achtfachen Fläche von Deutschland kann man auf viele kulturelle Zeugen der Vergangenheit treffen.

Bedingt durch viele türkische Restaurants, Dönerbuden und Supermärkte hierzulande ist uns die kulinarische Tradition nicht fremd. Mit Hackfleisch gefüllte Gemüse, scharfe Saucen, bunte Salate und würzig gegrilltes Lammfleisch machen den türkischen Speisezettel reichhaltig und bekömmlich.

Ein kleiner Ort an der Südküste der Türkei mit großem Angebot von Souvenirs und Kelims für Touristen.

Glossar

Hier stellen wir Ihnen typische Zutaten der orientalischen Küche vor. Werden diese schon im Rezept beschrieben, finden Sie hier nur einen Verweis auf die entsprechende Seite. Alle Zutaten sind in gut sortierten Supermärkten, türkischen oder orientalischen Lebensmittelgeschäften oder auf Wochenmärkten erhältlich. Wenn Sie einmal etwas nicht bekommen, helfen Ihnen sicher unsere Bezugsadressen auf Seite 238 weiter.

Frische Aprikosen

Anis
Gewürz für Süßspeisen und Backwaren. Es hat eine erfrischende und verdauungsfördernde Wirkung. Das Anisöl wird zur Herstellung von Bonbons und Likören (Rakı, Arrak und Ouzo) verwendet. Nicht zu verwechseln mit Sternanis.

Aprikosen
In der Küche werden meist die getrockneten Aprikosen verwendet. Ihr hoher Anteil an Karotin (Provitamin A) geht auch beim Trocknen nicht verloren. Man kann sie abgepackt im Supermarkt kaufen; preiswerter sind sie als lose Ware im türkischen Lebensmittelgeschäft. Kaufen Sie möglichst die ungeschwefelten Früchte, auch wenn sie etwas dunkler sind.

Arganöl
Öl aus dem Eisenholzbaum, das einen interessanten, nussartigen Geschmack hat. Sehr selten und infolgedessen kostbar.

Auberginen
Sie sind in allen Ländern des Orients sehr beliebt als Gemüse, eingelegt, gebacken oder zu Paste verarbeitet (Babaganoush). Es gibt sie als Frischgemüse und getrocknet, auf Schnüre gereiht (→ Seite 136). Afrikanische Auberginen sind kleiner und oft heller, die Farbpalette reicht von lila bis weiß. Es gibt sie in orientalischen und asiatischen Geschäften.

Ayran
Türkische Bezeichnung des beliebten Joghurtgetränks aus Joghurt und Wasser. Es wird mit Salz gewürzt, manchmal auch mit Sumak, Minze oder Basilikum.

Baharat → Seite 161

Berberitze
Es sind die bitter-säuerlichen Beeren, die zu Gelee, Marmelade oder auch Likör verarbeitet werden. In der orientalischen Küche werden auch die getrockneten Beeren verwendet. Man läßt sie in heißem Wasser quellen und dann in Reisgerichten mitgaren (z.B. im »Juwelen-Reis«). Sie werden dabei wieder leuchtend rot .

Bockshornkleesamen
Gewürz für Suppen, Eintöpfe und Fischgerichte, wird oft auch gemahlen angeboten und erinnert im Geschmack an Sellerie. Wird besonders häufig im Jemen verwendet.

Bohnen
Im Orient sind verschiedene Bohnensorten verbreitet: Ackerbohnen, Augenbohnen, Borlottibohnen, Dicke Bohnen, Foulbohnen (diese frisch oder getrocknet) sowie Buschbohnen. Siehe auch Foulbohnen.

Borekas, Börek, Brik, Brioua
Herzhaft gefüllte gebackene Blätterteigtaschen. Sie haben in jedem Land einen etwas anderen Namen; Rezepte Seite 27.

Bulgur
geschroteter Weizengrieß -> Seite 34

Butterschmalz
auch Ghee, oder Smen in Marokko, ist geschmolzene Butter, von der die Eiweißbestandteile abgeschöpft wurden. So kann sie höher erhitzt werden, ohne zu verbrennen.

Chermoula
Marokkanische Gewürzpaste. Sie gibt Gemüse-, Fleisch- und Fischgerichten einen unverwechselbaren aromatischen Geschmack (Rezept Seite 82).

Chilischoten
Die sehr scharfen Schoten kommen ursprünglich aus Mexiko. Sie sind Grundlage für viele Würzpasten und Saucen. Die grünen, roten und (seltener) gelben Schoten sind frisch, getrocknet oder eingelegt erhältlich. → Seite 161

Couscous → Seite 142, 146

Datteln
die süße Frucht des Orients → Seite 170.

Dill
stammt aus Westasien. Er wird in der Türkei und im Iran sehr geschätzt und nicht nur für Dips verwendet, sondern auch in Reisgerichten, Bohnenpüree und für Fisch.

Feigen
Süße, zwiebelförmige Früchte, die es überall im Herbst frisch (zum baldigen Verzehr) zu kaufen gibt. Sie sollten sich weich anfühlen, dann haben sie den vollen Geschmack. Es gibt grüne und blaue Sorten, die Farbe hat nichts mit dem Reifegrad zu tun. Getrocknete Feigen sind lange haltbar und werden vor der Verwendung in der Küche in Wasser eingeweicht. Interessant sind die Minifeigen (in türkischen Lebensmittelgeschäften).

Fenchel
Als Gewürz werden die Samen verwendet. Sie sehen aus wie Anissamen und werden als Gesundheitstee und als Heilmittel verwendet. Als Gemüseknolle ist Fenchel geschmort eine interessante Beilage zu Fleisch- und Fischgerichten. Man sollte aber mit zusätzlichen Gewürzen sparsam umgehen, da der Geschmack sehr dominant ist. Wie kaum ein anderes Lebensmittel führt Fenchel zu körperlichem und geistigem Wohlbefinden. Angeblich soll er verwirrte Geister wieder auf den Boden der Tatsachen bringen.

Filoteig
Vorgebackene dünne Teigblätter, die man abgepackt im türkischen Lebensmittelgeschäft erhält. Sie dienen zur Herstellung von Baklava und anderen gefüllten Teiggerichten.

Foulbohnen
getrocknete ägyptische braune Bohnen. → Seite 52.

Gefilte Fish
Ein traditionelles jüdisches Gericht. Die Haut eines Karpfens oder Hechts wird mit einer gewürzten Farce aus dem Fischfleisch gefüllt und gebacken. Unter dem Namen bekommt man auch Fischbällchen.

Gelbwurz → Seite 161, Kurkuma

Gerste
Ein uraltes Getreide mit hohem Nährwert, das weitgehend vom Weizen verdrängt worden ist. Sie wird in Suppen, Grützen und Eintöpfen verwendet. Vor dem Garen lässt man sie am besten einige Stunden quellen.

Gewürznelken → Nelken

Ghee → Butterschmalz

Granatäpfel
gibt es inzwischen schon oft im Supermarkt. Die Frucht hat eine harte Schale, die viele, von säuerlich schmeckendem Fruchtfleisch umhüllte Kerne umschließt. Diese können herausgelöffelt und roh verzehrt werden. Die weißen Zwischenhäute der Samenkammern sind sehr bitter und müssen entfernt werden. Die leuchtend roten Kerne passen hervorragend zu vielen orientalischen Fleischgerichten und Salaten. Der Saft ist sehr erfrischend. Die Früchte werden halbiert und mit der Zitruspresse ausgepresst.

Granatapfel – ein Symbol der Fruchtbarkeit.

Getrocknete Chilischoten

Granatapfelsirup/-extrakt
wird aus Granatapfelsaft hergestellt. Man verwendet säuerlichen, der aus unreifen Früchten hergestellt wird, für pikante Saucen und süßen aus reifen Früchten für Süßspeisen und Säfte.

Harissa
Scharfe Gewürzpaste → Seite 160

Hilbeh
Gewürzpaste aus Bockshornklee und Koriander, die als Dip zu Fleisch, Fisch und Geflügel im Jemen und am Persischen Golf geschätzt wird.

Honig
ist das älteste Süßungsmittel der Menschheit und wird aus den Waben der Honigbiene gewonnen (geschleudert). Er wird nicht nur für alles Süße verwendet, man kann auch Geflügel in honighaltiger Sauce beizen, bevor es in den Ofen kommt.

Hummus ist auch als Fertigprodukt erhältlich.

Huhn
spielt als Fleischlieferant im Orient neben Lamm eine große Rolle und man hat zahlreiche Rezepte dafür: mit fruchtigen Saucen, mariniert und gegrillt, mit Gemüse geschmort, köstlich gefüllt oder als festliche Suppe. Auf jedem Markt findet man die Käfige mit dem lebenden Federvieh, das auf seine Käufer warten.

Hummus
Püree aus Kichererbsen, Zwiebeln, Knoblauch, Tahina und Zitronensaft (→ Seite 28/29).

Joghurt Seite 198

Kaffee → Seite 204–207

Karkadeh
Malventee aus Südägypten → Seite 208.

Kardamom
ist getrocknet als Samenkapseln, helle und dunkle, oder gemahlen im Handel. Verwenden Sie die helle Sorte mit dem feineren Aroma. → Seite 161.

Kebab
bezeichnet grundsätzlich gebratenes Fleisch. Meist ist jedoch auf dem Drehgrill zubereitetes Lamm- oder Geflügelfleisch gemeint.

Kharouf Mahshi/Khouzi
Spezialität aus Saudi-Arabien: im Ganzen gebratenes gefülltes Zicklein.

Kibbeh
orientalische Frikadellen mit Bulgur im Fleischteig → Seite 90/91

Kichererbsen
Sie sind aus der orientalischen Küche nicht wegzudenken. Die bekanntesten Gerichte sind Falafel (→ Seite 38/39) und Hummus (→ Seite 28/29). Kichererbsen müssen vor dem Garen mindestens 12 Std. in Wasser eingeweicht werden. Eine interessante Knabberei für zwischendurch sind geröstete Kichererbsen: dafür getrocknete Kichererbsen mit etwas Öl in einer Pfanne goldbraun rösten, dann salzen.

Kirschen
→ Seite 198

Knoblauch
Wenn man einem Gewürz gesunde Eigenschaften nachsagen kann, so ist es Knoblauch. Wichtig sind zwei Sorten: die weiße und die etwas mildere rosafarbene. Bei der Zubereitung wird Knoblauch gepresst oder in sehr dünne Scheiben geschnitten. Vorsicht beim Braten: Wenn er dabei braun wird, ist er nicht mehr zu genießen.

Köfte → Seite 88 und 92

Konafa
Ein süßes Gebäck, das in der südlichen Türkei, dem Libanon und Jordanien sehr beliebt ist. Es wird aus dünnen Teigfäden hergestellt und mit einem mozzarella-ähnlichen Käse und Sirup zubereitet. Der Teig ist in türkischen Lebensmittelgeschäften erhältlich.

Koriander
Die frischen Blätter schmecken sehr intensiv und unverwechselbar. Sie sind in asiatischen Lebensmittelgeschäften zu haben, lassen sich aber mit etwas Geduld auch aus Samen ziehen.
Die Koriandersamen werden ebenfalls als Gewürz verwendet. Sie haben einen ganz eigenen, nicht so intensiven Geschmack und werden vor der Verwendung im Mörser zerkleinert.

Kreuzkümmel
wird auch Kumin genannt. Er schmeckt leicht bitter und ist Bestandteil vieler Gewürzmischungen. Unverzichtbar ist er für das ägyptische Bohnengericht Foul. Die schwarzen Samen werden gemahlen verwendet. Mit Kümmel hat er nur den Namen gemeinsam.

Kufta → Seite 92

Kumin → Kreuzkümmel

Kurkuma wird gemahlen oder als getrocknete Wurzel angeboten.

Kurkuma → Seite 161

Kümmel
hat eine intensive Würzkraft, sollte daher nur sehr sparsam verwendet werden und verträgt kaum andere Gewürze neben sich. Er passt gut zu fettem Fleisch und Kohl und wird auch gemahlen angeboten.

Kürbis
wird sehr geschätzt bei Armeniern und Kurden, die ihn mit Zimt, Nelken, Sultaninen und Honig zubereiten. In der Türkei wird er süß-sauer eingelegt (Mixed Pickles → Seite 134).

Kürbiskerne
werden im Orient gerne geknabbert und sind in türkischen Lebensmittelgeschäften preiswert zu haben. Passen gut zu Hackfleisch, Pasteten und Salaten.

Labaneh/Laban
ist ein Frischkäse aus gesalzenem, entwässertem Joghurt (→ Seite 131).

Lamm
Schaf- und Lammfleisch wird im Orient sehr geschätzt, da Rinder wegen der Milch und ihrer Arbeitskraft zu wertvoll zum Schlachten sind und Schweinefleisch im Islam verboten ist. Große Bedeutung hat das Lamm auch als Opfertier.

Limette
auch Limone genannt, ist eine Zitrusfrucht, deren Saft intensiver schmeckt als der von Zitronen. Getrocknet ist sie ein interessantes Gewürz für Saucen und Eintöpfe (→ Seite 106). Viele türkische Lebensmittelgeschäfte haben sie vorrätig.

Linsen
Uralte ägyptische Kulturpflanze und Grundnahrungsmittel in orientalischen Ländern. Oft werden die geschälten roten Linsen verwendet. Sie haben eine kürzere Garzeit. Für Suppen werden sie häufig püriert. → Seite 84

Lorbeerblätter
Die getrockneten Blätter haben eine starke Würzkraft und sollten daher sparsam verwendet werden. Sie werden vor dem Servieren aus dem Gericht entfernt.

Maisstärke
wird für viele orientalische Gerichte wie Speisestärke zum Eindicken verwendet. Nicht zu verwechseln mit Maismehl.

Malzsirup
oder -extrakt ist in der Backwarenabteilung guter Supermärkte oder im Reformhaus erhältlich. Sonst fragen Sie beim Bäcker nach. Er wird für orientalische Bagels verwendet → Seite 24.

Mandelmilch
wird aus gemahlenen Mandeln gewonnen (→ Seite 178) und ist sehr vitaminreich. In Reformhäusern und Bioläden wird sie als Fertigprodukt angeboten.

Mandeln → Seite 178

Mastix
Aromatisches Harz einer Pistazienart, wird in Desserts, Backwaren und türkischem Honig verwendet und wie Kaugummi gekaut.

Kreuzkümmel, Bestandteil vieler Gewürzmischungen

Getrocknete Limetten

Straßenhändler in Kairo

Melokhia-Suppe
Ein traditionelles ägyptisches Gericht, das aus Malvenblättern zubereitet wird.

Melisse → Zitronenmelisse

Mezze
Die traditionelle Vorspeisentafel → Seite 19

Minze
oder Pfefferminze wird oft in Fleischgerichten mitgeschmort und auch Salaten und Marinaden beigemischt. Sie sollte immer frisch verwendet werden. Nur für Minztee ist getrocknete Minze besser geeignet, weil sie im Geschmack intensiver ist.

Möhren
Sie sollen ursprünglich aus Afghanistan kommen und werden in der orientalischen Küche in vielfältiger Weise zubereitet.

Mohnsamen
werden aus dem Opiummohn gewonnen, der in der Türkei und im Iran angebaut wird. Vor allem in der jüdischen Küche hat der Mohnsamen symbolische Bedeutung.

Muskatnuss
Gewürz für herzhafte und süße Gerichte. Am aromatischsten schmeckt sie frisch gerieben.

Nelken
haben eine intensive Würzkraft, daher sparsam verwenden. Passend für Schmorgerichte, aber auch Kompotte und Saucen. Sie sollten vor dem Servieren stets wieder entfernt werden.

Okraschoten – frisch geerntet

Nüsse
haben viele Nährstoffe wie Eiweiß, Vitamine, Mineralstoffe und Öle. In den Rezepten dieses Buches werden Hasel- und Walnüsse, Pistazien, Pinienkerne und Mandeln verwendet.

Okraschoten
Sie heißen auch Gombo oder Ladyfingers. Ein Gemüse mit eckigem Querschnitt und etwa 10 cm Länge. Okras werden gekocht oder kurz blanchiert verzehrt. Sie sollten gleich verbraucht werden, denn sie halten sich nur wenige Tage. Sie sondern beim Kochen eine schleimartige Substanz ab und eignen sich dadurch hervorragend zum Eindicken von Suppen und Eintöpfen. → Seite 44

Oliven → Seite 126

Orangen
Sie werden in der orientalischen Küche gern mit herzhaften Zutaten kombiniert, z. B. mit Fleisch und in Salaten.
Im Iran werden Bitterorangen angebaut, von denen hauptsächlich die Schale als Gewürz verwendet wird.

Orangenblütenwasser
ist ein Nebenprodukt bei der Destillation von ätherischen Ölen und ist in Apotheken und manchen Bioläden zu haben. Es wird in Salaten, Süßspeisen und Getränken verwendet. Beim Kauf unbedingt auf die Zusammensetzung achten: Die Essenz wird oft auch synthetisch hergestellt angeboten.

Paprika
bezeichnet sowohl das Gemüse als auch das gemahlene Gewürz. Gemüsepaprika sind als Rohkost für Salate geeignet, passen geschmort als Beilage zu Fleischgerichten und lassen sich gut füllen. (→ Seite 132). Gegrillte, gehäutete Paprikaschoten sind eine feine Vorspeise (→ Seite 76).
Als Besonderheit gibt es getrocknete Tomatenpaprika, auf Schnüre aufgereiht.
Die deutlich kleineren Gewürzpaprika oder Peperoni sind sehr scharf, vergleichbar mit Chilischoten.
Getrocknet und grob oder fein gemahlen wird Paprika als Gewürz verwendet, das in verschiedenen Sorten angeboten wird. Die bekanntesten sind edelsüß (fruchtig-mild) und Rosenpaprika (würzig-scharf).

Pastırma, Pastrami → Seite 25

Petersilie
Die kräftige und aromatische glattblättrige Petersilie wird für viele Gerichte verwendet, für einige in großen Mengen (Tabouleh, → Seite 35).

Philo-Teig → Filoteig

Piment
heißt auch Nelkenpfeffer, obwohl es nicht mit dem Pfeffer verwandt ist. Es kommt als getrocknete Beere oder gemahlen auf den Markt. Es würzt nelkenartig und wird oft für Marinaden und Suppen verwendet.

Pinienkerne
Die länglichen weißen Samen der Pinie mit aromatisch-nussartigem Geschmack. Sie werden ganz oder gemahlen als Füllung und Garnitur für süße und herzhafte Speisen verwendet. Besonders aromatisch sind sie geröstet. (Vorsicht, brennen leicht an!)

Pistazienkerne
Hellgrüne ölhaltige Samenkerne des Pistazienbaums mit harter Schale, die in süßen und herzhaften Gerichten verwendet werden. Sie werden geröstet und gesalzen auch gerne als Snack geknabbert.

Pita/Pide
Fladenbrot → Seite 20

Plättchenpaprika → Pul Biber, Seite 160

Pul Biber
Gewürzmischung → Seite 160

Quitten
Apfel- oder birnenförmige Früchte mit sehr festem Fleisch, die wie Gemüse mitgekocht oder zu Gelee oder Kompott verarbeitet werden. Sie passen als Beilage zu Kurzgebratenem, aber auch zu Süßspeisen und Kuchen. Als Rohkost sind sie nicht geeignet. Ganze Früchte halten sich bis zu 8 Monate.

Rakı
Ein Traubenschnaps, der mit Anis versetzt wird und in der Türkei als Nationalgetränk gilt, ebenso wie in Albanien, auf Zypern und Kreta.

Ramadansuppe
Sie wird während des Fastenmonats Ramadan nach Sonnenuntergang serviert. Hier eines der vielen Rezepte in Kurzversion: 200 g gegarte Kichererbsen mit 1 Zwiebel, 250 g Lammfleisch und 4 Hähnchenflügeln in 1,5 l Wasser aufkochen lassen. Mit 1/2 TL Ingwerpulver, 1/4 TL Kurkuma, 1/2 TL scharfer Paprika, Salz und Pfeffer würzen und 1 Std. garen. 1/2 Bund Petersilie und 2 Stängel Koriandergrün hacken und mit 4 gepellten geviertelten Tomaten dazugeben. Abbildung → Seite 69.

Ra's el-hanout
Gewürzmischung aus Marokko. Sie besteht aus 12 und mehr Gewürzen u.a. Galgant, Nelken, Ingwer, Kardamom, Muskat, Pfeffer, Zimt, Piment, Rosenknospen und Veilchenwurzeln.

Pinienkerne – geröstet besonders aromatisch

Reis
ist die älteste Getreideart der Menschheit. Hauptanbaugebiete im Vorderen Orient sind der Irak, der Norden des Iran, Teile Anatoliens und Syriens. Die klassische Methode, Reis zuzubereiten ist der Pilaw (→ Seite 96). Reis als Beilage wird oft mit Trockenfrüchten, Mandeln oder Pinienkernen zubereitet. Besonders interessante Rezepte gibt es in der persischen Küche.

Reismehl
oder -stärke ist fein gemahlener Reis, der zum Eindicken von Suppen und Saucen, nicht jedoch zum Backen verwendet wird.

Rosenwasser
ist eine Lösung von ätherischem Rosenöl in Wasser und wird zur Parfümierung von verschiedenen Gerichten, Gebäck und Süßigkeiten verwendet. Es ist erhältlich in orientalischen Lebensmittelgeschäften und in der Apotheke.

Quitten – vielseitig zu verwenden.

Rosinen
sind getrocknete Weintrauben, die für Kuchen und Süßspeisen, aber auch als süßer Kontrast in herzhaften Schmorgerichten und in Reisgerichten verwendet werden.

Safran
dürfte das teuerste Gewürz überhaupt sein: Für 1 Gramm müssen in Handarbeit 600 Narbenfäden aus der Blüte geerntet werden. Daher gibt es viele Fälschungen. Den echten Safran erkennt man daran, dass warmes Wasser intensiv gefärbt wird. Sehr sparsam zu verwenden, hauptsächlich in Kuchen und

Reisgerichten. Vor der Verwendung die Fäden in wenig Wasser einweichen.
Achtung: Häufig wird Saflor, Blütenblätter der Färberdistel, als Safran angeboten.

Schwarzkümmel
Samen der Nigella sativa – ein Verwandter ist bei uns bekannt als Zierpflanze »Jungfer im Grünen« oder »Gretel im Busch«. Im Orient streut man die Samen aufs Brot oder auf Salate.

Sesampaste → Seite 186

Sesamsamen → Seite 186

Shawarma
Marokkanischer Drehspieß auf Straßenständen, vergleichbar dem türkischen Döner Kebab.

Sternanis
Der Titelstar dieses Buches. Er hat ein kräftiges Aroma, das etwas an Anis erinnert (mit dem er nicht verwandt ist). Meist wird er in Gerichten mitgekocht und anschließend wieder entfernt. Geeignet für Süßspeisen und Hähnchengerichte.

Sumak, Sumach
Das Gewürzpulver aus der getrockneten Essigbaumfrucht gibt einen säuerlichen Geschmack. Es passt gut zu rohem Gemüse.

Tahin, Tahina
ist eine Paste aus Sesamsamen. Sie dient als Würzzusatz für Speisen und Saucen und ist in Gläsern und Dosen erhältlich. Es gibt helle und dunkle Tahina, die helle schmeckt milder.

Tajine → Seite 148

Tamarinde → Seite 40

Tarator, Taratur
eine mayonnaiseähnliche Sauce aus Zitrone, Knoblauch, Petersilie, Brotkrumen, gemahlenen Walnüssen und Fischbrühe. Man schätzt sie in Ägypten, Syrien, im Libanon und in der Türkei zu Fischgerichten.

Tee → Seiten 207 und 208

Tomaten
Man kann das rote Gemüse mit fast allem kombinieren. Bei der Vorbereitung sollte man immer den Stielansatz entfernen. Für feine Gerichte werden Tomaten vorher überbrüht und gehäutet.
Kirschtomaten sind wesentlich kleiner, süßer und werden oft noch an der Rispe angeboten. Sie wirken besonders dekorativ, wenn man die ganze Rispe grillt oder schmort und so serviert.
Besonders aromatisch sind getrocknete Tomaten, die in Olivenöl eingelegt werden und Bestandteil der Mezzetafel sind oder aber mitgeschmort werden.

Tomatenpaprika → Paprika

Trockenfrüchte
Neben den bei uns herkömmlichen Früchten wie Rosinen, Pflaumen und Aprikosen werden in orientalischen Ländern noch viele andere Obstsorten getrocknet und in der Küche verwendet: → Seite 174. Oft werden sie in herzhaften Gerichten mitgeköchelt. Man bekommt sie auch bei uns in türkischen oder arabischen Lebensmittelgeschäften.

Vanille
Es sind die Schoten einer Orchideenart, die ursprüglich aus Mexiko stammt. Seit dem 19. Jahrhundert wird Vanille auf Madagaskar, Réunion, den Komoren, Ceylon und Java angebaut. Die Schoten werden kurz vor der Reife geerntet, getrocknet und fermentiert. Sie haben ein zartes, unverwechselbares Aroma. Vanille wird hauptsächlich für süße Gerichte verwendet. Entweder kocht man die ganzen Schoten mit oder man schlitzt sie auf, kratzt das feine schwarze Mark heraus und gibt es zum Gericht.

Walnuss → Nüsse

Wein
Der Genuss von Alkohol ist im Islam verboten. Trotzdem wird in vielen Ländern Wein angebaut, entweder für den Export oder für jene Konsumenten, denen ihre Religion den Alkohol nicht verbietet.

Weinblätter
gibt es in den Sommermonaten frisch auf dem Wochenmarkt oder in türkischen Lebensmittelgeschäften. Es ist aber auch eingelegte oder gefrorene Ware geeignet. Man verwendet Weinblätter zum Einwickeln würziger Füllungen.

Weintrauben
werden als rohe Früchte fast ausschließlich für Fruchtsalate, Kuchen und als Deko verwendet. Der Saft von unreifen Trauben wird wie Essig verwendet.

Weizen
ist die Getreideart, aus der die meisten Brotsorten gebacken werden. Aus Weizen werden Bulgur und Couscous (siehe dort) hergestellt.

Yufka → Seite 128

Za'atar
Gewürzmischung → Seite 160

Zhoug
Gewürzmischung → Seite 160

Zimt
gibt es als Zimtrinde, als feine Röllchen (Stangenzimt) und gemahlen. Zimtrinde oder -stangen werden mitgekocht und vor dem Servieren wieder entfernt. Gemahlener Zimt wird, oft gemischt mit Zucker, auf Desserts gestreut.

Zitrone
Die gelbe Zitrusfrucht mit sehr hohem Vitamin C-Gehalt würzt mit ihrer milden Säure Saucen, Fisch und Fleisch. Die unbehandelte Schale findet in Gebäck und Süßspeisen, aber auch in Fleischrezepten Verwendung.
Eingelegte Salzzitronen sind eine wichtige Würzzutat der marokkanischen Küche (→ Seite 131).

Zitronenmelisse
Die Blätter werden grundsätzlich frisch verwendet für Suppen, Fleisch, Salate und Cremes. Sie sollte immer erst kurz vor Schluss zugegeben und keinesfalls mitgekocht werden.

Zucker
Weißer raffinierter Zucker wird oft mit Wasser zu Sirup eingekocht und zum Tränken von Gebäck und Desserts verwendet. Würziger ist Rohrzucker – nicht zu verwechseln mit braunem Zucker. Der absolute Zuckergeheimtipp ist Palmzucker, der sich allerdings nicht so leicht in Wasser lösen lässt.

Zwiebeln
Eine wichtige Zutat in der orientalischen Küche. Man verwendet die weißen, roten und braunen Zwiebeln ebenso wie die Frühlingszwiebeln. Sie werden roh oder gegart in vielfältigen Kombinationen zubereitet.
Zwiebelsaft, aus feingehackten gesalzenen Zwiebeln gepresst, ist eine beliebte Marinade für Fleisch und Fisch.

Zimtrinde wird mitgekocht.

Orientalische Tischdekoration

Hier sehen Sie an einigen Beispielen, wie mit einfachen Mitteln orientalische Stimmung gezaubert werden kann. Die Vorschläge lassen sich mit ein wenig Fantasie leicht verändern und anpassen.

Zarte Rosendeko

Duftender Zimt

Zitronig frisch

Zarte Rosendeko

Füllen Sie schlichte oder zart gemusterte klare Gläser mit gefärbtem Wasser und lassen Sie reichlich passende Rosenblätter darauf schwimmen. Das Wasser können Sie mit Lebensmittelfarbe oder Tinte färben. Durch Dekorationen mit Rosenblättern kann man auf einfache und wirkungsvolle Weise den Tisch schmücken. Verteilen Sie sie in Schalen oder auf Platten oder streuen Sie sie einfach über den Tisch.

Duftender Zimt mit Goldkordel

Zimtrinden und -stangen mit Goldkordel und Quasten umwickeln und in bunte Gläser stecken. Grün passt hier besonders gut. Die Quasten kann man leicht selber machen: Einfach an beide Enden der Kordel feste Knoten binden, dabei jeweils 2 cm am Ende der Kordel frei lassen und glatt kämmen. Mit einer scharfen Schere die Enden bündig schneiden. Gedrehte Kordeln in Gold oder Rot wirken auch gut, wenn man sie um Blumen oder Trockensträuße wickelt.

Zitronig frisch

Üppig verzierte Teegläser mit Wasser füllen und Sträuße aus Zitronenmelisse hineinstecken. Melisse gedeiht übrigens problemlos auf dem Balkon und im Garten und verbreitet erfrischenden Zitronenduft. Für diese Dekoration eignen sich fast alle frischen Kräuter oder auch nur grüne Blätter oder Gräser.

Rosaroter Traum

Rosa schimmernde Glasteller mit gleichfarbigen Rosenblättern bestreuen. Weiße Servietten aufrollen und mit goldfarbenen Bändern binden. Diese sehr einfache Dekoration lässt sich leicht in allen Farben umsetzten. Besorgen Sie einfach die zu Ihrem Service farblich passenden Blüten.

Mit Rosen besteckt

Große Tonschalen mit Wasser füllen und weit aufgeblühte zartrosa und gelbe Rosenblüten dicht an dicht hineinstecken. Dazu möglichst farblich passende gläserne Teelichter mit silbernen Quastenkordeln umschlingen.

Weit aufgeblühte Rosenblüten halten im Wasser problemlos noch 2–3 Tage. Also in welkenden Sträußen nach geeigneten Blüten suchen.

Transparent und rosenduftig

Eckige transparente Glasvasen mit verschiedenen Rosenblättern und -blüten auffüllen. Wirkt leicht und luftig auf weiß gedeckten Tischen.

Die Glasvasen wirken natürlich auch, wenn man sie mit getrocknetem Obst oder Gemüse und mit Linsen oder Bohnen füllt.

Rote Rosen

Zu kurzstieligen roten Rosen passen keine Schnörkel, daher stehen sie in einfachen Teegläsern und auch die weiße Tischdecke hält sich vornehm zurück.
Es müssen übrigens nicht immer Rosen sein. Orientalisches Flair können Sie auch mit blühenden Zweige von Bougainvillea, Apfel oder Kirsche sowie Hibiskusblüten erzeugen.

Orientalische Serviettenringe

Dickere Quastenschnüre eignen sich gut zum Binden von Leinenservietten. Diese »Serviettenringe« sind schnell gemacht und lassen sich immer wieder verwenden.

Farbspiel

Als Tischdecke ein Stück orangefarbene Synthetikgaze nehmen. Lila und orangefarbene Gläser mit Wasser und Gräsern füllen und auf den Tisch stellen. Dazwischen farblich passende Glasschalen platzieren, die mit orangefarbenen Linsen gefüllt sind. Weitere Linsen in die Zwischenräume verteilen.

Bunte Gewürze

Drei kleine rustikale Schalen mit Kurkuma, Sonnenblumenkernen und getrockneten Chilis füllen, dazu größere Mengen orangefarbene Linsen auf den Tisch streuen. Drum herum bunte und einfarbige geschliffene Bechergläser aufstellen. Diese Deko kann man natürlich mit anderen Gewürzen oder Zutaten verändern.

Bunte Gewürze

Duft und Farben des Orients

Flache Schalen in unterschiedlichen Formen, aber möglichst aus einem Material, mit verschieden farbigen Linsen, mit Minzeblättern, getrockneten Chilis, Sonnenblumenkernen und Curry füllen. Einfache Teegläser mit Wasser und frischer Minze dazustellen. Der Duft kann mit Duftkerzen verstärkt werden.
Sie sollten Ihre Gäste darauf aufmerksam machen, von welcher der Dekos genascht werden darf.

Dekorative Gemüse

Getrocknete Gemüse, auf eine Schnur aufgezogen, lassen sich gut in einer Schale oder direkt auf dem Tischtuch arrangieren.
Wenn darin z.B. die Auberginen erkannt werden, ist die Überraschung groß.

Dekorative Gemüse

Mitbringsel

Kunstgewerbe aus den verschiedenen Ländern sind natürlich auf der orientalisch gedeckten Tafel besonders attraktiv. Wer die Länder bereist, findet reichliche Ausbeute. Kunstvoll bemalte Teller, mit Ornamenten beschlagene Messingtabletts und dazu passende Kannen werden fast überall angeboten.
Dazu kommen die berühmten mit Silberbeschlägen verzierten Gefäße aus Keramik, Silber, Holz und Ton, die man in Marokko herstellt.

Menüvorschläge

Die Mahlzeiten werden im Orient meist zu Hause eingenommen. Die Speisen werden traditionell auf einen niedrigen Tisch platziert und man nimmt auf Kissen rundherum Platz. Die folgenden Menüs sind für jeweils 6 Personen berechnet.

Festliches Menü

Vorspeisen
Orangensalat (Seite 71)
Mandelsuppe (Seite 85)
Hauptgericht
Seewolf in Sesamkruste mit Kartoffelgratin, Staudensellerie und Apfelchips (Seite 109, 1 1/2-fache Menge)
Nachspeise
Aprikosendessert (Seite 175) und frische Früchte
Zum Kaffee
Gefüllte Datteln (Seite 173, 1 1/2-fache Menge)
Getränke
Weißwein z.B. ein Chablis oder Chardonay
Danach türkischer Kaffee

Vorbereitung
2 Tage vorher:
Apfelchips zubereiten
Aprikosen in Sirup einlegen
1 Tag vorher:
Mandelsuppe vorbereiten
am selben Tag:
Granatapfelsauce zubereiten
Staudensellerie blanchieren
Früchte dekorieren
Orangensalat zubereiten
Kartoffelgratin vorbereiten
Fisch marinieren
Mandelsuppe erhitzen und pürieren

Gastliches Abendessen

Vorspeise: Mezzetafel
Hummusvarianten (Seite 29),
Falafel (Seite 38),
Foul (Seite 52)
dazu Pitabrot (Seite 21)
Hauptgericht
Lamm mit Aprikosen (Seite 93, 1 1/2-fache Menge)
Reis (Seite 96, 1 1/2fache Menge)
Nachspeise
Mandelpudding mit glasierten Trauben (Seite 179)
Zum Kaffee
Joghurt-Grieß-Kuchen mit Früchten (Seite 198)
Getränke
Ein leichter Weißwein, z.B. ein Sauvignon Blanc
Danach ein orientalischer Kaffee

Vorbereitung
2 Tage vorher:
Grundmasse für Hummus und Falafelteig herstellen
Foulbohnen einweichen
1 Tag vorher:
Mandelpudding zubereiten und Trauben glasieren
Joghurt-Grieß-Kuchen backen
Pitabrot backen oder fertig kaufen
Foul zubereiten
am selben Tag:
gewünschte Hummusvarianten zubereiten
Falafel frittieren
Aprikosenlamm garen und warm halten
Reis kochen und warm halten
Mandelpudding und glasierte Trauben anrichten
Grießkuchen mit Früchten dekorieren
Pitabrot aufbacken

Einfaches Menü

Vorspeise
Artischockenherzen in Olivenöl (Seite 45)
Pitabrot (Seite 21)
Hauptgericht
Safranreis mit Hackfleisch (Seite 75, 1 1/2-fache Menge)
Nachspeise
Bulgurdessert mit frischen Früchten (Seite 176, 1 1/2-fache Menge)
Zum Kaffee
Baklava (Seite 193)
Getränke
Ein Weißwein z.B. ein trockener Silvaner
Danach ein türkischer Kaffee

Vorbereitung
1 Tag vorher:
Pitabrot backen oder kaufen
Baklava zubereiten
Am selben Tag:
Artischockenherzen zubereiten
Safranreis zubereiten
Bulgurdessert zubereiten
Pitabrot aufbacken

Menü mit Fisch

Vorspeise
Möhrendip (Seite 31)
Auberginendip (Seite 31)
Pitabrot (Seite 219)
Hauptgericht
Tabouleh mit Seebarsch (Seite 35, 1 1/2-fache Menge)
Nachspeise
Grieß mit Datteln und Karamellsauce (Seite 173, 1 1/2-fache Menge)
Zum Kaffee
Gazellenhörnchen (Seite 190)
Getränke
Ein Weißwein, z.B. ein Sauvignon Blanc
Danach ein orientalischer Kaffee

Vorbereitung
1 Tag vorher:
Pitabrot backen oder kaufen
Grießpudding zubereiten
Gazellenhörnchen backen
Am selben Tag:
Möhrendip und Auberginendip zubereiten
Tabouleh zubereiten
Karamellsauce herstellen und mit dem Grießpudding auf Tellern anrichten
Pitabrot aufbacken

Vegetarisches Menü

Vorspeise
Linsensuppe (Seite 85, 1 1/2-fache Menge)
Hauptgericht
Vegetarische Kibbeh (Seite 91, 1 1/2-fache Menge)
Arabischer Kartoffelsalat (Seite 87)
Nachspeise
Feigenpüree (Seite 175)
Zum Kaffee
Sesambällchen (Seite 190)
Getränke
Ein Rotwein, z.B. ein Cabernet Sauvignon
Danach orientalischer Kaffee oder Tee mit frischer Minze

Vorbereitung
1 Tag vorher:
Linsensuppe zubereiten
Kibbehteig herstellen
Kartoffelsalat zubreiten
Feigenpüree zubereiten
Sesambällchen backen
Am selben Tag:
Linsensuppe erhitzen
Kibbeh frittieren
Feigenpüree anrichten

Vorschläge für ein Büfett

Hier finden Sie eine typische Auswahl von Gerichten, die sich für ein Büfett eignen. Die Menge reicht für etwa 25 Personen, wenn Sie jeweils die doppelte Rezeptmenge zubereiten.

Kalte Gerichte
Hummus (Seite 28/29)
Babaganoush (Seite 32)
Tabouleh (Seite 35)
Mixed Pickles (Seite 134/135)
Möhren-Orangen-Salat (Seite 35)
Arabischer Kartoffelsalat (Seite 71)

Warme Gerichte
Borekas mit Spinat und Hackfleisch (Seite 27)
Gegrillte Gemüse mit Dips (Seite 67/77)
Zucchini mit Chermoula (Seite 83)
Möhrenköfte (Seite 88)
Lammhackbällchen (aus Rezept Lammspieße Seite 49)
Joghurtsuppe (Rezept Seite 155)

Dazu
Pitabrot (Rezept Seite 21) und/oder
kleine Sesam-Thymian-Brötchen (Rezept Seite 23)

Süßes
Gefüllte Datteln (Rezept Seite 175)
Süße Kirschtomaten mit Mandeln (Seite 201)
Halva (Rezept Seite 201)
Baklava (Seite 193)

Rezeptverzeichnis *von Mezze bis Dessert*

Register

*Damit Sie Rezepte mit bestimmten Zutaten noch schneller finden können, stehen in diesem Register zusätzlich auch beliebte Zutaten wie Auberginen oder Couscous – ebenfalls alphabetisch geordnet und **halbfett** gedruckt – über den entsprechenden Rezepten.*

Orientalische Produkte:
Gewürzhaus Alsbach
An der Staufenmauer 11
60311 Frankfurt,
Tel. 069/283312
www.alsbachgewuerze.de
Afrikanische und orientalische Gewürze

TALI
Dr. Aziz Pourebarhim
Steinstr. 18, 34298 Helsa
Tel. 05604/915381
www.tali.de
Versender; Direktimport aus Persien; Laden in der Markthalle in Kassel

HeBo-Gewürze
Andreas Boorners
Langenfelde 39, 23611 Bad Schwartau
www.hebo-gewuerze.de

Tee- und Gewürzhaus
Alfred Ewert
Weender Straße 84, 37073 Göttingen
Tel. 0551/57020
Internationale Gewürze, Reis, Getreide, Hülsenfrüchte

Tajine-Töpfe
Ali Baba Tajine, Jochen Walter
Am Weidenbach 30, 88299 Ausnang
Tel. 07561/70388
www.tajine.de
Import von Tajine Töpfen aus Marokko

Israelische Artikel
Doronia GmbH:
Postfach 101133, 70010 Stuttgart
Tel. 0711 /6070995
www.doronia.de
Großes Versandhaus mit allen Warengruppen »Einkaufen wie in Israel« mit 116-seitigem Katalog und über 1500 Artikeln

Literaturhinweise
Zeitschriften
Orient Magazin
Verlag für Orient Publikationen, Woldert
Deutsch/englische Vierteljahrsschrift mit Reiseberichten, Meldungen aus dem Orient und Veranstaltungskalender

Der Arabische Almanach
Frank & Frei Verlag, Berlin
Tel. 030/61280359
www.der-arabische-almanach.de
erscheint zweimal jährlich und berichtet über Kulturelles zum Thema Orient

Kulinarisches
Petra Casparek &
Erika Casparek-Türkkan
Küchen der Welt Arabien
Gräfe und Unzer Verlag, München, 1999

Chris und Carolyn Caldicott
Die Gewürzstraßen der Welt
Reisenotizen und Rezepte
Christian Verlag, München, 2002

Walter M. Weiss/Kurt-Michael Westermann, *Der Basar*
Mittelpunkt des Lebens in der islamischen Welt
Dtv, München, 2002

Fotografie und Design
Herbert Ypma, *Marokko modern.*
Die Welt des Designs
Knesebeck Verlag, München, 1997

Harry Gruyart, *Marocco*
Schirmer Mosel Verlag, München, 1990
Beeindruckender Fotoband

Das Ägypten des Nagib Machfus
Mit Fotografien von Georg Kürziger
Ars vivendi, Cadolzburg, 2001
Mit Auszügen aus den Romanen von N. Machfus

Literatur
Paul Bowles, *Himmel über der Wüste*
Goldmann Verlag, München, 2000

Elias Canetti, *Die Stimmen von Marrakesch*
Hanser Verlag, München, 1994
Ein Reisebericht ganz besonderer Art

Assja Djebar, *Weißes Algerien*
Unionsverlag, Zürich, 2000
Und andere Titel der algerischen Preisträgerin des Friedenspreises des Deutschen Buchhandels

Johann Wolfgang von Goethe
West-Östlicher Diwan
In vielen Ausgaben

Elsa Sophia von Kamphövener
An den Nachtfeuern der Karawane,
3 Bände, Rowohlt, Reinbek, 1988-1999

Yasar Kemal, *Memed mein Falke*
Unionsverlag, Zürich, 1990
Und viele andere Romane des türkischen Schriftstellers

Michael Lüders, *Das Lächeln des Propheten.* Eine arabische Reise
Europäische VerlangsAnstalt, Hamburg, 2002

Naguib Machfus, *Die Midaq-Gasse*
Unionsverlag, Zürich, 1981
Und viele andere Romane des ägyptischen Literaturnobelpreisträgers

Frédéric Ramadel/Aléxander Bailhache
Literarische Reise durch Persien
Knesebeck, München, 2001

Rafik Shami, *Märchen aus Malula*
Hanser, München, 1997
Und andere Titel des syrischen Schriftstellers

Reiseinformationen
Merian-Hefte
Ägypten, Istanbul, Jemen/Oman/ V.A. Emirate, Jerusalem, Marokko, Tunesien

Merian Live!
Ägypten, Djerba, Israel, Istanbul, Jordanien, Marokko, Oman/V.A.Emirate, Tunesien, Türkei Südküste, Türkei Westküste

Barbara Lutterbeck fotografiert neben ihrem Spezialgebiet Food mit Vorliebe »on location« und auf Reisen. Sie sammelte Erfahrungen in wichtigen Londoner Studios und fotografiert für internationale Auftraggeber aus der Industrie, für Buch- und Zeitschriftenverlage. Bei einem Großteil der Rezepte in diesem Buch zeichnet sie auch für das Foodstyling verantwortlich.

Jürgen Christ ist Reporter aus Leidenschaft. Nach seiner Ausbildung in Köln lernte er sein Metier als Kameramann beim WDR gründlich kennen. Inzwischen hat er sich als freiberuflicher Bildjournalist einen Namen gemacht und arbeitet für Magazine, Fachzeitschriften und Buchverlage. Oft ist er dabei, wie auch hier, für die Texte verantwortlich.

Beide sind als Ehepaar ein bestens eingespieltes Team. Zusammen recherchieren und gestalten sie Berichte über kulinarische Reisen für renommierte Foodzeitschriften. Auf ihren Exkursionen durch Tunesien, Israel, Algerien und Marokko lernten sie den Orient kennen und lieben. Viele der Rezeptfotos entstanden »vor Ort«.

Ein herzliches Dankeschön der Autoren für die Unterstützung auf den Reisen und bei der Produktion an:
Odeh Abu El-Hawa, Awni E. Insewat
Tal Kaizman, Friedrich Kaltz
Mohammed Mahi
Monika Schulze-Berge
Stephan Trudewind
Balloni Deko Köln
Air Berlin, Allitalia
Restaurant „Habibi“ Köln, Bilgehan Köhler

Ein besonderer Dank geht an Herrn Dr. Gharieb M. Gharieb, beeidigter Dolmetscher und Urkundenübersetzer für das Arabische, der die handschriftlichen arabischen Texte erstellt hat, die in diesem Buch verwendet wurden.

Redaktionsleitung: Birgit Rademacker
Redaktion: Birgit Rademacker
Redaktionsassistenz: Nicole Biermann
Lektorat: Adelheid Schmidt-Thomé
Korrektorat: Beate Schlachter
Beratung: Mihrican Özdem
Arabische Schriftzeichen:
Dr. Gharieb M. Gharieb
Texte: Jürgen Christ
Foodfotografie: Barbara Lutterbeck
Foodstyling: Barbara Lutterbeck und Stefan Blömker
Herstellung: Ute Hausleiter
Gestaltung: Independent Mediendesign, München. Karin Drexler
Layout und Satz: Buchhaus Robert Gigler GmbH, München
Karte: MERIAN-Kartographie, München
Repro: w&co, München
Druck: Appl, Wemding
Bindung: Monheim, Monheim

ISBN 3-7742-2790-X

Auflage	4.	3.	2.
	2005	2004	2003

GRÄFE UND UNZER

Ein Unternehmen der
GANSKE VERLAGSGRUPPE

Bildnachweis

Titelbild und Foodfotografie:
Barbara Lutterbeck

Reportagefotos:
Hermann Rademacker: Seiten 21 oben links, 52, 59 oben, unten rechts, 65 oben links, 68 unten,104 unten, 167 oben links,168 oben, 169, 170 links, 170 rechts, 206 unten, 209 unten rechts, 212, 217 rechts, 222;

Helle Svingholm: Autorenfoto

Barbara Lutterbeck und Jürgen Christ fotografierten alle übrigen Bilder

Das Original mit Garantie

Ihre Meinung ist uns wichtig. Deshalb möchten wir Ihre Kritik, gerne aber auch Ihr Lob erfahren. Um als führender Ratgeberverlag für Sie noch besser zu werden. Darum: Schreiben Sie uns! Wir freuen uns auf Ihre Post und wünschen Ihnen viel Spaß mit Ihrem GU-Ratgeber.

Unsere Garantie: Sollte ein GU-Ratgeber einmal einen Fehler enthalten, schicken Sie uns das Buch mit einem kleinen Hinweis und der Quittung innerhalb von sechs Monaten nach dem Kauf zurück. Wir tauschen Ihnen den GU-Ratgeber gegen einen anderen zum gleichen oder ähnlichen Thema um.

Ihr Gräfe und Unzer Verlag
Redaktion Kochen
Postfach 86 03 25
81630 München
Fax 089/419 81-113
E-mail:
leserservice@graefe-und-unzer.de